Julia Friedmann

Von der Gorbimanie zur Putinphobie?

Ursachen und Folgen medialer Politisierung

Literatur und Kultur im mittleren und östlichen Europa

herausgegeben von Reinhard Ibler

ISSN 2195-1497

8 *Trixi Jansen*
Der Tod und das Mädchen
Eine Analyse des Paradigmas aus Tod und Weiblichkeit in ausgewählten Erzählungen I.S. Turgenevs
ISBN 978-3-8382-0627-1

9 *Olena Sivuda*
"Aber plötzlich war mir, als drohe das Haus über mir zusammenzubrechen."
Komparative Analyse des Heimkehrermotivs in der deutschen und russischen Prosa nach dem Zweiten Weltkrieg
ISBN 978-3-8382-0779-7

10 *Victoria Oldenburger*
Keine Menschen, sondern ganz besondere Wesen …
Die Frau als Objekt unkonventioneller Faszination in Ivan A. Bunins Erzählband *Temnye allei* (1937–1949)
ISBN 978-3-8382-0777-3

11 *Andrea Meyer-Fraatz, Thomas Schmidt (Hg.)*
„Ich kann es nicht fassen,
dass dies Menschen möglich ist“
Zur Rolle des Emotionalen in der polnischen Literatur über den Holocaust
ISBN 978-3-8382-0859-6

12 *Julia Friedmann*
Von der Gorbimanie zur Putinphobie?
Ursachen und Folgen medialer Politisierung
ISBN 978-3-8382-0936-4

Julia Friedmann

VON DER GORBIMANIE ZUR PUTINPHOBIE?

Ursachen und Folgen medialer Politisierung

ibidem-Verlag
Stuttgart

Bibliografische Information der Deutschen Nationalbibliothek
Die Deutsche Nationalbibliothek verzeichnet diese Publikation in der Deutschen Nationalbibliografie; detaillierte bibliografische Daten sind im Internet über http://dnb.d-nb.de abrufbar.

Bibliographic information published by the Deutsche Nationalbibliothek
Die Deutsche Nationalbibliothek lists this publication in the Deutsche Nationalbibliografie; detailed bibliographic data are available in the Internet at http://dnb.d-nb.de.

∞

Gedruckt auf alterungsbeständigem, säurefreien Papier
Printed on acid-free paper

ISBN-13: 978-3-8382-0936-4

Printed in Germany

Inhaltsverzeichnis

Vorwort

Russland ist ein Land der Widersprüche. Die meisten Deutschen assoziieren mit Russland den Kommunismus oder autokratische Verhältnisse. Während die allgemeinen Vorstellungen zu Russland und der Sowjetunion anscheinend verschwimmen, scheint besonders die mediale Rezeption des letzten Staatsoberhaupts der UdSSR und des derzeitigen Präsidenten der Russischen Föderation zu divergieren.[1] Das Ereignis der deutschen Wiedervereinigung und das Ende des Kalten Krieges durch den Zerfall der UdSSR wurden vor allem in Deutschland in direkte Verbindung mit Gorbačëv gebracht, der durch die Schlagwörter der späten 1980er-Jahre – Perestrojka und Glasnost′ – eine neue Ära im Weltgeschehen einleiten sollte. Nachdem zu Beginn der 1990er-Jahre der ‚Eiserne Vorhang' gefallen war und die bipolare Teilung der Welt aufgelöst sein sollte, zeigen sich seit dem Beginn des 21. Jahrhunderts erneut ‚polarisierende' Tendenzen im medialen Russlanddiskurs. Gerade in letzter Zeit und besonders in Bezug auf die Ereignisse in der Ukraine werden die publizistischen Stimmen zu Russland deutlich negativer. Gleichzeitig wird jedoch auch zunehmend Kritik laut, die den deutschen Medien und der Russlandberichterstattung provokative Meinungsmache und proamerikanische Gefolgschaft vorwirft. So wurde ‚Lügenpresse' im letzten Jahr zum Unwort des Jahres gekürt, was das wachsende Misstrauen in die öffentlichen Kommunikationsapparate verdeutlicht.

Die vorliegende Arbeit beschäftigt sich mit dem Einstellungswandel im Mediendiskurs von Gorbačëv (ab 1985) bis Putin (bis zum Beginn seiner dritten Amtszeit 2012). Dabei liegt der Fokus auf dem allgemeinen Medienbild über die ehemalige UdSSR und die Russische Föderation (RF).[2] Ferner soll der Frage

---

[1] Der Titel der Arbeit resultiert aus einem Interview von Gabriele Krone-Schmalz. „Im Grunde […] genommen haben wir so eine Entwicklung durchgemacht – von einer Gorbimanie in eine Putinphobie" (KRONE-SCHMALZ 2014, 19:14).

[2] Die Untersuchung nach 1991 beschränkt sich lediglich auf die RF und nicht auf die anderen ehemaligen Unionsrepubliken, die aus der UdSSR hervorgegangen sind. Aufgrund der sprachlichen Unterschiede soll der Einfachheit halber ‚russisch' im Sinne der RF/Russlands verwendet werden. Desgleichen wird ‚westlich' in erster Linie im allgemeinen Sinne für den ehemaligen Westblock, dessen Länder zum größten Teil Mitgliedstaaten der NATO sind, und deren Kultur- und Wertegemeinschaft verwendet. Zudem beziehen sich die Medienanalysen

nachgegangen werden, inwiefern die Medien durch die Politik manipuliert werden können und inwieweit sich dies auf die deutsche Gesellschaft auswirken kann. Nicht nur kulturell und historisch ist die Geschichte beider Länder miteinander verbunden. Auch in Bezug auf die internationale Politik und die Wirtschaft zeugt das deutsche (mediale) Interesse von der Bedeutung des östlichen Landes. Russland bildet in der deutschen Medienberichterstattung geradezu eine Konstante. Viele der größten Auslandsbüros der deutschen Nachrichten- und Presseagenturen befinden sich in Russland. Dabei scheint die Berichterstattung überwiegend politisch geprägt zu sein, weshalb im Folgenden besonders auf das politische Medienbild geachtet wird.

Die Grundlagen dieser interdisziplinären Arbeit bilden Bereiche der Kommunikations- und der Medienwissenschaften. Aus diesem Grund erfolgt zu Beginn eine kurze Einführung in die verschiedenen wissenschaftlichen Forschungsdisziplinen, die für die Analyse von Relevanz sind. Dabei sind neben der Konstruktion und Entwicklung des deutschen Russlandbilds auch die Theorien der medialen Manipulation von Bedeutung. Im zweiten Teil soll auf die mediale Darstellung von Gorbačëv (1985) bis Medvedev (2012) chronologisch eingegangen werden. Danach folgt eine inhaltliche Medienanalyse in Bezug auf die Unterschiede und Kontinuitäten der deutschen Russlandberichterstattung unter besonderer Berücksichtigung der russischen (sowjetischen) Realität und der (manipulativen) Einflussfaktoren. Im letzten Teil sollen die gegenseitigen Wechselwirkungen von Medien, Politik und Gesellschaft in Hinblick auf die mediale Beeinflussung beschrieben werden. Dazu dienen im Vorfeld kurze Analysen über die deutsche Russlandpolitik und das Russlandbild (bzw. Sowjetunionbild) der deutschen Gesellschaft.

Die folgende Arbeit beschränkt sich primär auf Printmedien. Dazu dienen bereits vorhandene Analysen überregionaler Zeitungen und Magazine. Während schon einige Studien zur Genese des allgemeinen Russlandbildes in der deutschen Gesellschaft vorhanden sind, ist der Forschungsstand in Bezug auf die deutsche Medienberichterstattung über Russland und die ehemalige UdSSR weniger umfangreich. Seit Mitte der 2000er-Jahre und besonders mit dem

---

vor 1991 vornehmlich auf Westdeutschland. Auf Unterschiede wird an gegebenen Stellen eingegangen.

Ausbruch der Krimkrise haben sich jedoch mehrere Untersuchungen zu Russland im deutschen Mediendiskurs angeschlossen.

GAVRILOVA untersuchte 2005 die Darstellung der Sowjetunion und Russlands zwischen 1985 und 1999 in der BILD, der WELT, der Süddeutschen Zeitung (SZ) und der Frankfurter Rundschau (FR). DANILIOUK befasste sich 2006 mit dem Russlandbild auf linguistischer Ebene in STERN und SPIEGEL in den Jahren 1961, 1989 und 2003. Auf die Darstellung 1999 in der Frankfurter Allgemeinen Zeitung (FAZ) und im SPIEGEL beschränkte sich CRUDOPF. Für die Amtsperiode Putins ist die Analyse von ZYKOVA (2014) entscheidend. Sie untersuchte die Artikel zu Russland im 21. Jahrhundert in mehreren Printmedien, unter besonderer Berücksichtigung von FAZ und SPIEGEL. In einer weiteren Studie 2012 von AHRENS und WEISS wurden die politischen Editorials von FAZ und SZ zwischen 2001 und 2008 analysiert. Mit diesem Zeitraum befasst sich auch die Untersuchung von MAKULKINA 2013, die sich jedoch in SPIEGEL, STERN, FOCUS Magazin und WELT auf das metaphorische Bild nach der konzeptuellen Metapherntheorie von Lakoff und Johnson beschränkte. VJAČESLAVOVNA analysierte 2012 die verwendeten Metaphern im Zuge der russischen und amerikanischen Präsidentschaftswahlen 2008 in ZEIT, WELT, SPIEGEL, STERN, Berliner Morgenpost, FAZ, FOCUS, FR, SZ, Berliner Zeitung (BZ), Neues Deutschland (ND) und Freie Presse (FP). MERKUR'EVA und KOSTINA bezogen sich 2012 in 40 Artikeln verschiedener Zeitungen im deutschsprachigen Raum auf die Darstellungen der einzelnen Präsidenten der RF. Die Studien und Analysen befassen sich zwar nicht alle mit denselben Medientiteln, was jedoch für diese Arbeit nicht entscheidend ist. Auf Unterschiede in den einzelnen Formaten wird an gegebener Stelle eingegangen.

Teil I

1 Einführung in die Medien- und Kommunikationswissenschaft

Die Kommunikationswissenschaft ist eine empirische Sozialwissenschaft, die sich mit den verschiedenen Vorgängen der Kommunikation befasst (MALETZKE 1998, 17). Die interdisziplinäre Wissenschaft kann in mehrere Teildisziplinen unterteilt werden.[3] Der Status der Medienwissenschaft als eigenständige Disziplin ist dahingegen nicht ganz geklärt (SCHMIDT 2002, 53). Sie befasst sich im Allgemeinen mit der Darstellungsweise der Medien. Als Teilgebiete gelten die Medientheorie, die Medienanalyse und die Mediengeschichte. Da der Kerngegenstand beider Disziplinen identisch ist, gilt die Medienwissenschaft auch als „Bezeichnung in der Tradition der Kultur- und Literaturwissenschaften, Kommunikationswissenschaft in der der Sozialwissenschaften" (DITTMAR 2011, 5). In den Medienwissenschaften stehen häufig die öffentliche Kommunikation und damit die Massenmedien, mit psychologischen und rechtlichen Aspekten im Vordergrund. Die Kommunikationswissenschaft beschäftigt sich demgegenüber mit der Kommunikation und der (medialen) Wirkung. Diese Arbeit befasst sich zu weiten Teilen mit der Medieninhaltsforschung, in diesem Sinne auch mit den verschiedenen Darstellungsweisen und dem Unterschied von Realität und Bericht, sowie mit der Medienwirkungsforschung.[4]

---

[3] Kommunikatorforschung, Medieninhaltsforschung, Medienforschung, Mediennutzungsforschung und Medienwirkungsforschung. In Bezug auf die Lasswell-Formel, das Modell der Massenkommunikation, ergibt sich damit die Struktur: *Wer sagt was in welchem Kanal zu wem mit welchem Effekt?* (SCHWEIGER 2007, 23 f.).

[4] MCLUHAN bildete mit seiner These *The Medium is The Message* eine bedeutende Grundlage der Medientheorie. Für die Medientheorie ebenso bedeutend ist FOUCAULT als Begründer der Diskursanalyse. Zur weiterführenden Literatur s. MCLUHAN, Marshall (1964): Understanding Media: The Extensions of Man. New York; London: McGraw-Hill. MCLUHAN, Marshall; FIORE, Quentin (2011): Das Medium ist die Massage: ein Inventar medialer Effekte. Übersetzt von Martin Baltes und Rainer Höltschl. Stuttgart: Tropen. FOUCAULT, Michel (2007[10]): Die Ordnung des Diskurses: Inauguralvorlesung am Collège de France, 2. Dezember 1970. Mit einem Essay von Ralf Konsermann (=Fischer Wissenschaft, Band 10083). Frankfurt a. M.: Fischer-Taschenbuch-Verlag.

1.1 Definitionen

Massenmedien

Medien (Plural von lat. *medium* ‚Mitte‘) „ist ein Sammelbegriff für alle audiovisuellen Mittel und Verfahren zur Verbreitung von Informationen, Bildern, Nachrichten etc. Zu den Massen-M. zählen insbesondere die Presse (Zeitungen, Zeitschriften), der Rundfunk (Hörfunk, Fernsehen) und das Internet“ (SCHUBERT; KLEIN 2011, 190). Die Grenze der Massenmedien zu anderen Medien liegt im technischen Fortschritt begründet. Ferner ist bei den Massenmedien das Kriterium der Nichtfiktionaliät entscheidend. (ECKOLDT 2007, 46 ff.) Neben ihrer Mittlerfunktion und der Unterhaltungsfunktion sollen sie der Stabilisierung der Gesellschaft dienen, „indem sie die von der Mehrheit vertretenen Werte und Normen, Verhaltensmaßregeln usw. kommunizieren und damit die von der Gesellschaft geteilten Werte in Erinnerung halten“ (DITTMAR 2011, 126). Massenmedien sind demnach ein Mittel der Kommunikation, um ein großes Publikum zu erreichen.

Medienpolitik

„M. bezeichnet politische Aktivitäten und Maßnahmen der Gesetzgeber (Bund, EU), die auf die Beeinflussung und Steuerung sowohl der technischen, ökonomischen und rechtlichen Rahmenbedingungen als auch des laufenden Betriebs der Massenmedien zielen.“ (SCHUBERT; KLEIN 2011, 190) Dabei soll die regionale Vielfalt gewährleistet sein. (ebd.)

Medien sind die Voraussetzung zur Schaffung von Öffentlichkeit und zur Vermittlung und Wahrnehmung von Wirklichkeit (SARCINELLI 2011, 33). Die Politik hat zwar eine Steuerungsfunktion, um u. a. Meinungsfreiheit zu sichern, bedarf aber auch der Medien, um sich selbst öffentlich darzustellen. Die Medienpolitik beinhaltet also nicht die Politisierung von öffentlichen Medien, sondern deren Gestaltung und Organisation. Um den Einfluss der Politik auf die Medien zu verringern, führten Debatten über das ‚Adenauer-Fernsehen‘ und den ‚Rot-Funk‘ in den 1960/70er-Jahren zu einer „Forderung vor allem der Unionsparteien nach einer Zulassung privater Rundfunkbetreiber“ (ebd., 34) und folglich zur dualen Rundfunklandschaft.[5] Begründet wird dies durch das Recht der Meinungsfreiheit (Art. 5 GG Abs. 1–3) (ebd., 37).

Meinungs- und Pressefreiheit

Das Recht der Meinungsfreiheit ist im Grundgesetz verankert und äußert sich u. a. in Form von Pressefreiheit. Die Presse ist Ausdruck und Wahrung der demokratischen Grundrechte und dient als politisches Instrument der Bevölkerung. „In den demokratischen Staaten gilt die P.-Freiheit als wichtiger Bestandteil der Meinungsfreiheit (sog. ‚Vierte Gewalt') und wird allgemein als Gradmesser für den Entwicklungsstand der Demokratie und der Menschenrechte in einem Land betrachtet." (SCHUBERT; KLEIN 2011, 237 f.) Wenn viele Medien zusammengeführt werden, was auch in Deutschland anzutreffen ist, wird diese Freiheit stark gefährdet (ebd.). Im europäischen Vergleich lag Deutschland 2009 auf Platz 18 im Ranking der Pressefreiheit (THOMASS 2010, 76).

Veröffentlichte Meinung und öffentliche Meinung

Öffentliche Meinung kann als Bezeichnung für „**1**) die empirisch erhobene Meinung oder Einstellung der Öffentlichkeit (Bevölkerung) und **2**) die in der Presse und anderen Medien publizierte Sichtweise der Einstellung etc. in der Gesellschaft" (SCHUBERT; KLEIN 2011, 212 [Herv. i. O.]) gelten. Die öffentliche Meinung ist aber nicht die reine Summe individueller Meinungen, sondern „bezieht ihre Kraft vielmehr aus der Wirkung von Ansichten als herrschende Meinung. Zur herrschenden Meinung werden Ansichten von (meist bedeutenden) Akteuren zu gesellschaftlich relevanten Fragen, wenn diese Ansichten

---

[5] Im Bereich des öffentlichen Rundfunks sind heute die Landesrundfunkgesetze für die Organisation und Zusammensetzung der Gremien verantwortlich. Deren Aufsichtsgremien müssen nach dem Bundesverfassungsgesetz lediglich staatsfern, jedoch nicht staatsfrei sein, d. h., es können staatsnahe oder staatliche Mitglieder vertreten sein, wenngleich ihre Anzahl begrenzt ist. (EBERLE 2014, 295) Nach dem Urteil des Bundesverfassungsgerichts 2014 müssen die staatsnahen Mitglieder des ZDF-Fernsehrats von 44 % auf ein Drittel gesenkt werden. Geklagt hatten die Bundesländer Hamburg und Rheinland-Pfalz (SPD-geführt) gegen den politischen Einfluss, vornehmlich der CDU, auf die öffentlich-rechtlichen Sender, namentlich das ZDF. (MÜLLER-NEUHOF; SAGATZ 2014) Im europäischen Vergleich sei der öffentlich-rechtliche Rundfunk in Deutschland jedoch durch die gesetzliche Regelung trotz parteipolitischem Einfluss vorbildlich (THOMASS; RADOSLAVOV 2014, 3).

ihren Niederschlag in den Medien und in der öffentlichen Diskussion finden“ (FURCHERT 1997, 25). Vereinfacht ausgedrückt ist die öffentliche Meinung die vorherrschende Meinung einer Gesellschaft in Bezug auf öffentliche Fragen.

Demgegenüber steht die veröffentlichte Meinung, also jegliche Meinung, die veröffentlicht wird. Die veröffentlichte Meinung ist nur einer geringen Anzahl an Menschen mit Zugang zu den Medien möglich (MERTEN; WESTERBARKEY 1994, 190). Wenn diese sich in vielen Bereichen mit der öffentlichen Meinung deckt, so kann dies die allgemeine Wahrnehmung zunehmend prägen (SCHULZ 2008, 121). Dadurch kann sie die Meinungsbildung der Bevölkerung stark beeinflussen (RÖPER 1994, 535). Wie die veröffentlichte Meinung, die nur einen Ausschnitt der Realität wiedergibt, ist auch „jede Darstellung öffentlicher Meinung mit Vorsicht zu sehen, da sie immer eine vereinfachende ausschnitthafte Reduktion darstellt, deren quantitative Breite und qualitative Tiefe zu prüfen ist“ (DITTMAR 2011, 110).

1.2 Mediensituation in Deutschland

Die Massenmedien nehmen in der heutigen Gesellschaft einen bedeutenden Stellenwert ein. Im Durchschnitt übernahm das Fernsehen im Jahr 2014 mit 240 min./Tag den ersten Platz bei der Mediennutzung, gefolgt von Hörfunk (192), Internet (111), Zeitung (23), Tonträgern (27), Büchern (22) und Zeitschriften (6). Im Alterssegment der 14- bis 29-Jährigen überwog das Internet, gefolgt von Hörfunk und Fernsehen.[6]

Bei den Printmedien ist die BILD-Zeitung als bundesweite, täglich erscheinende Boulevardzeitung im Vergleich zu anderen überregionalen Tageszeitungen die auflagenstärkste Kaufzeitung. Die BILD ist Teil des Axel-Springer-Verlags, der nicht nur Anteile an Printmedien, sondern auch an Fernsehsendern hält. (KEK 2015, 233) Nach der BILD folgt die SZ als zweitstärkste Tageszeitung, führt jedoch die Liste der Abonnement-Zeitungen an. Die FAZ ist die drittstärkste Tages- und die zweitstärkste Abonnement-Zeitung, gemessen an den verkauften Exemplaren. Zur Axel-Springer-SE gehört u. a. die Abonnement-Zeitung WELT. Die ZEIT unter dem Dachverlag Gruner+Jahr ist in dieser

[6] Durchschnittliche Nutzungsdauer der Medien 2014 in min./Tag (ARD-ZDF 2014).

Reihe die einzige Wochenzeitung. Die wöchentlichen Nachrichtenmagazine werden vom SPIEGEL des übergeordneten Verlags Gruner+Jahr angeführt. Ihm folgt der STERN des gleichen Verlags. An dritter Stelle steht der FOCUS.[7] Im Fernsehen überwiegen die Marktanteile der privaten Sender leicht gegenüber denen der öffentlich-rechtlichen Sender.[8]

Leitmedien

Als Leitmedien können sowohl Mediengattungen als auch einzelne Medientitel bezeichnet werden. Im Allgemeinen sind Leitmedien solche Medien, die einen großen Einfluss auf die Meinungsbildung einer Gesellschaft ausüben können und bevorzugt der Informationsbeschaffung dienen. So ist das Fernsehen die Mediengattung mit dem meisten Einfluss. Zu den führenden Medientiteln der Printmedien zählen SPIEGEL, FAZ, ZEIT und SZ. Diese werden nicht nur von der Gesellschaft, sondern auch von Journalisten und Politikern bevorzugt gelesen. (WILKE 1999, 318 f.) FAZ und SZ werden – auch aufgrund ihrer gegensätzlichen Ausrichtung – als Vertreter breiter Teile der Gesellschaft angesehen (AHRENS; WEISS 2012, 155).

Politische Linie der Printmedien

Eine definitive politische Linie in den Printmedien festzumachen ist aufgrund der individuellen Ansichten einzelner Autoren und der Tatsache, dass sich auch die redaktionelle Haltung ändern kann, nicht einfach zu belegen. Es kann jedoch festgehalten werden, dass der STERN, der SPIEGEL, die SZ, die FR und die ZEIT eher dem links-liberalen Spektrum angehören, der FOCUS, die FAZ, die WELT und die BILD eher dem konservativ-rechten Spektrum, wobei bei Letzterer der durch Sensationalismus bedingte Charakter eines Boulevardmagazins überwiegt.[9]

---

[7] Angaben s. Anhang: Mediensituation der führenden Printmedien (1. Quartal 2015).

[8] Marktanteile der AGF- und Lizenzsender im Tagesdurchschnitt 2014 (AGF 2015).

[9] Nach Angaben der Presseschau *eurotopics* der bpb (2015), des Goethe-Instituts (2015), AHRENS; WEISS (2012), GAVRILOVA (2005) und BROCCHI (2007) können folgende politische Tendenzen beschrieben werden: FAZ – konservativ, konservativ-liberal; STERN – liberal, linksliberal, sozialdemokratisch; BILD – bürgerlich-konservatives Boulevardmagazin; WELT – konservativ, neo-konservativ bis gemäßigt rechts, auch ‚marktliberal'; FOCUS – bürgerlich-

1.3 Die Macht der Medien: die Vierte Gewalt

Den Medien wird immer häufiger eine gezielte Manipulation vorgeworfen. Im Folgenden sollen die Einflüsse der Publizistik dargelegt und dieser These kurz nachgegangen werden.

Kommerzialisierung in den Medien – das Propagandamodell

Das Propagandamodell ist ein von Noam CHOMSKY und Edward HERMAN in *Manufacturing Consent: the Political Economy of the Mass Media* entwickeltes medientheoretisches Modell zur Verdeutlichung der Beeinträchtigung der (US-amerikanischen) Massenmedien. Im Zentrum ihrer Aussage steht, dass die Medien von diversen Gruppen in der Gesellschaft unterstützt und demnach auch kontrolliert werden. Die Beeinflussung verläuft indirekt über zahlreiche Faktoren wie Personal- und Nachrichtenauswahl oder auch durch Indoktrinierung der Leitgedanken. Diese Einflussfaktoren gebe es auch bei privaten Medien sowie in Staaten ohne offizielle Zensur, jedoch weniger offensichtlich. Kritik an der elitären Führungsschicht könne dennoch in einem gewissen Maße geäußert werden, was den Anschein einer freien Medienlandschaft erwecke. Eines der größten Probleme sei der ständige Konkurrenzkampf und die finanzielle Abhängigkeit der Medien von ihrem Produkt, was die allgemeine Kritik an Gesellschaft und Regierung wie auch den Einstieg neuer Mediengruppen begrenze. Diese unterschiedlichen Besitz- und Machtverhältnisse der Medienunternehmen wirken sich auf die Gestaltung der Medien aus. Das Propagandamodell wurde zwar im Hinblick auf die US-amerikanische Medienlandschaft entwickelt, die

---

liberal, liberal-konservativ; SZ – linksliberal und SPD und Gewerkschaften nah; FR – linksliberal, sozial-liberal; SPIEGEL – links bis linksliberal (früher neoliberal); ZEIT – linksliberal; taz – linksalternativ und den Grünen nah, jedoch ohne starken politischen Einfluss; ND – linkssozialistisch und der ehemaligen PDS nah (heute Die Linke); HB – wirtschaftsliberal.

Da ARD und ZDF öffentlich-rechtliche Sender sind, sollte man hier eigentlich keine politische Färbung erkennen können. Im letzten Jahr wurden jedoch Verdachtsvorwürfe geäußert, das ZDF zeige eine gewisse Nähe zur CDU. Zudem ist Welt24 Tochtergesellschaft des Axel-Springer-Konzerns, dessen Zeitungen eher dem konservativen Spektrum angehören. Gruner+Jahr ist einer der Unternehmensbereiche des Medienkonzerns Bertelsmann, dessen weiterer Unternehmensbereich die RTL-Group ist. Die Printmedien des Gruner+Jahr-Verlags weisen eine eher linksorientierte Tendenz auf. Inwieweit dies auch auf die Fernsehprogramme zutrifft, wäre noch weiter zu prüfen.

sich in einigen Punkten von der deutschen unterscheidet, jedoch lassen sich die meisten Elemente auf viele europäische Staaten übertragen. Das Modell umfasst insgesamt fünf Komponenten (HERMAN; CHOMSKY 2002, 2 ff.):

1. *the size, concentrated ownership, owner wealth, and profit orientation of the dominant mass-media firms*

In Deutschland wird seit 1997 die Sicherung der Meinungsvielfalt (im privatrechtlichen Bereich) von der Kommission zur Ermittlung der Konzentration im Medienbereich (KEK) übernommen. In Deutschland, ebenso wie in den USA, handelt es sich um eine hochkonzentrierte Medienlandschaft, wobei noch weiter zwischen horizontaler (stärkste Ausprägung ist die Monopolstellung) und vertikaler Konzentration (Integration verschiedener Wertschöpfungsstufen) unterschieden werden kann. (KEK 2015, 17 ff.)

Die Bertelsmann AG ist einer der größten internationalen Medienkonzerne mit einem Umsatzerlös von mehr als 16 Mrd. € im Jahr 2013. Der multimediale Konzern gliedert sich in mehrere Unternehmensbereiche (RTL Group, Gruner+Jahr, Penguin Random House, Arvato, Be Printers). (ebd., 76 ff.). Die Axel-Springer-SE ist ebenfalls ein multimedialer Konzern, der zwar vornehmlich Printmedien bedient, namentlich BILD und WELT, jedoch auch Anteile am Nachrichtenprogramm N24 hält (ebd., 187). Der Axel-Springer-Verlag führte 2014 die Gruppe der zehn größten Verlagsgruppen an. Die Verlagsgruppe Stuttgarter Zeitung/ Die Rheinpfalz, Ludwigshafen/ Südwest Presse, Ulm (SZ) lag dahinter. Die Verlagsgruppe FAZ übernahm den zehnten Platz (im Vorjahr noch an vorletzter Stelle). (AS&S 2014, 49 f.) Der Straßenverkaufszeitungsmarkt ist im Vergleich zu anderen Zeitungsmärkten am höchsten konzentriert. Dabei hält die Axel-Springer-SE fast 80 %. Bei den Tageszeitungen machen die zehn auflagenstärksten Verlage 59,3 % aus, die fünf auflagenstärksten Abonnement-Zeitungen erreichen 36 % des Marktanteils. Dabei lässt sich eine Tendenz zur horizontalen Konzentration bei den Zeitungen beobachten. (KEK 2015, 193 ff.) Die starke Konzentration erschwert die Markteintrittschancen für neue Akteure und reduziert die Bestehenden auf einen elitären Ausschnitt.

2. *advertising as the primary income source of the mass media*

Werbung durch die Anzeigekunden unterstützt die Medien und bedingt sie auf gleiche Weise. Somit binden sich die Medien an die Wirtschaft. 2013 erzielten Tageszeitungen rund 2917,70 Mio. € Nettowerbeeinnahmen, Publikumszeitschriften 1235,00 Mio. € und Wochen-/Sonntagszeitungen 175,6 Mio. €. Außer bei den Fachzeitschriften ist dabei jedoch ein stetiger Rückgang zu den Vorjahren zu erkennen. Dagegen hat das Fernsehen einen Anstieg auf 4125,13 Mio. € zu verbuchen.[10] Welchen Einfluss Anzeigekunden haben können, zeigen folgende Beispiele: 1985 kündigte der US-amerikanische Konzern Gulf&Western Industries dem Fernsehsender WNET seine finanzielle Unterstützung, nachdem dieser die Dokumentation *Hungry for Profit* sendete, bei dem es um die Profitgier multinationaler Konzerne in der Dritten Welt ging. Der Dokumentation wurde eine antiamerikanische Haltung und dem Sender WNET das Hintergehen von Freunden vorgeworfen. (HERMAN; CHOMSKY 2002, 17) 2001 berichtete die SZ äußerst kritisch über den Pilotenstreik der Lufthansa, woraufhin die Fluglinie angeblich die Zeitungsabonnements kürzen wollte (DRPR 2002).

3. *the reliance of the media on information provided by government, business, and 'experts' funded and approved by these primary sources and agents of power*

Aufgrund von Zeit- und Investitionsmanagement werden weniger eigene Reporter ausgesandt. Daher dienen spezielle Programme (Pressekonferenzen) oder andere Zeitungen als Quellen, die allerdings schon vorgefiltert wurden. (HERMAN; CHOMSKY 2002, 18 f.) Dazu kommt die Expertenproblematik: Die Medien neigen dazu, ihre Thesen mit mehr oder minder ausführlichen Expertenberichten und Interviews zu untermauern. Dabei werden oft Fachlaien herangezogen und als Experten dargestellt. (DITTMAR 2011, 124 f.)

4. *'flak' as a means of disciplining the media*

Das *flak* bezeichnet eine negative Antwort auf in den Medien veröffentlichte Artikel oder Aussagen in Form von Briefen, Anrufen, Reden, Beschwerden etc. (HERMAN; CHOMSKY 2002, 26). Aufgrund des bestehenden Drucks durch Leserbriefe oder öffentlich geäußerte Meinungen, Vorwürfe etc. können Medien zu einer Revision gezwungen werden.

---

[10] Nettowerbeeinnahmen erfassbarer Werbeträger in Deutschland 2010–2013 (ZAW 2013).

5. *'anticommunism' as a national religion and control mechanism*

Der Antikommunismus wich nach dem Ende des Kalten Krieges der herrschenden Ideologie seit Beginn des 21. Jahrhunderts, dem Antiterrorismus (DITTMAR 2011, 127). Dadurch kann es auch in den Medien zu einer vereinfachten Schematisierung und Denunzierung kommen.

***

Das Propagandamodell von HERMAN und CHOMSKY lässt sich auf die deutsche Medienlandschaft anwenden. Nach diesem Modell wird in den Medien ein von der Öffentlichkeit akzeptierter und als demokratisch angesehener Konsens einer führenden Elite geschaffen. Die Gegenseite der verbreiteten Stimmung in der Gesellschaft muss dabei immer genau belegt werden, während der Mainstream keiner genauen Bestätigung bedarf. Das Propagandamodell ist jedoch keine Verschwörungstheorie über zentrale Manipulation. Vielmehr soll es der Erklärung des politischen Wandels und der marktwirtschaftlichen Faktoren in den Medien dienen. Festzuhalten ist, dass die mediale Gewinnorientierung und das Konkurrenzdenken der Medienkonzerne die gesellschaftliche Aufmerksamkeit zu einem gefährlichen Mittel der Manipulation werden lassen.

Selektion der Nachrichten

Wie bereits erwähnt, ist die Kommerzialisierung der Medien und die Privatisierung des Pressewesens ein entscheidender Faktor bei der Untersuchung des medialen Machtpotenzials. Um sich auf dem Markt behaupten zu können, müssen die Massenmedien eigene Schwerpunkte bilden und sich von anderen abheben. Dies kann auf die Themenauswahl oder auf das Publikum beschränkt sein. Die Aufmerksamkeit des Medienkonsumenten ist dabei der notwendige Katalysator für Kaufentscheidungen.

Bei der Nachrichtenselektion durchlaufen die Nachrichtenereignisse einen Filter. Sie müssen gewisse Kriterien erfüllen, die sich an der gewünschten potenziellen Aufmerksamkeit des Rezipienten orientieren. Diese Nachrichtenwerte bestehen aus mehreren Nachrichtenfaktoren. Je mehr dieser Faktoren eine Nachricht besitzt, desto höher ist der Nachrichtenwert. Hier sollen zwei Schemata zur Nachrichtenwert-Theorie genügen.

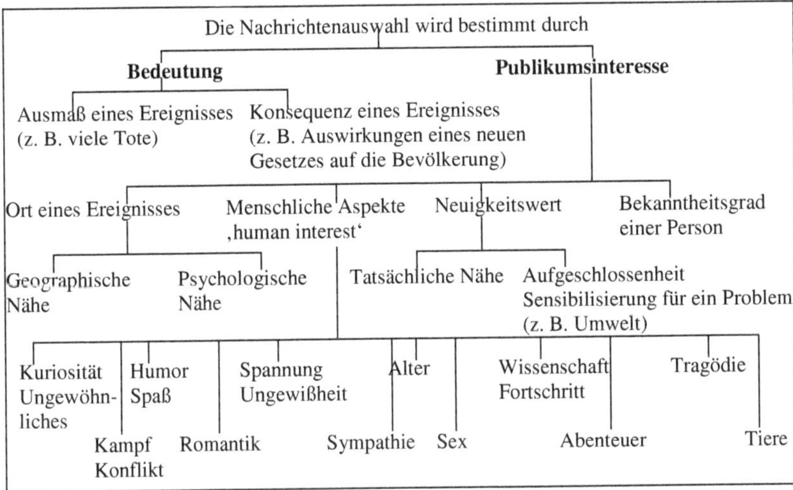

Abb. 1 Journalistische Nachrichtenfaktoren (CSOKLICH 1996, 51)

Abb. 1 verdeutlicht, dass das Interesse größer und effektiver ist, wenn die Nachricht eine physische (geographische oder tatsächliche) oder psychische Nähe konzipiert. Wenn dies nicht der Fall ist, müssen andere Faktoren greifen. Wichtig dabei ist, dass möglichst viele Emotionen beim Rezipienten erweckt werden, wie Angst, Freude oder auch feindliche Gefühle, da sie die stärkste Aufmerksamkeit erzeugen. Bei Abb. 2 kann die Macht der Aufmerksamkeit durch zwei grundlegende Prinzipien erreicht werden: Eine Nachricht hat demnach einen besonderen Wert, wenn sie neu oder informativ für das Publikum ist.

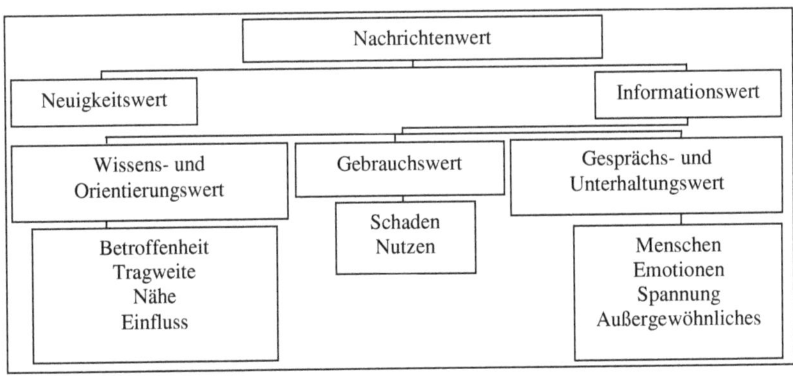

Abb. 2 Nachrichtenauswahl (SCHWIESAU; OHLER 2003, 54)

Medienwirkungsforschung

Den Medien wird oft angelastet, die Gesellschaft zu manipulieren. Jedoch geht von der Gesellschaft auch eine gewisse Macht aus – durch ihre Akzeptanz des Dargestellten. Die Medien schaffen ein Programm, das auf das Publikum zugeschnitten ist. BERGHAUS hat dazu die Wirkungen der Massenmedien im sozialen Kontext dargestellt, wobei das soziale Umfeld über eine besondere Wirkungsmacht verfügt (Abb. 3): Die Medien bilden demnach nicht den Hauptmanipulationsmechanismus.

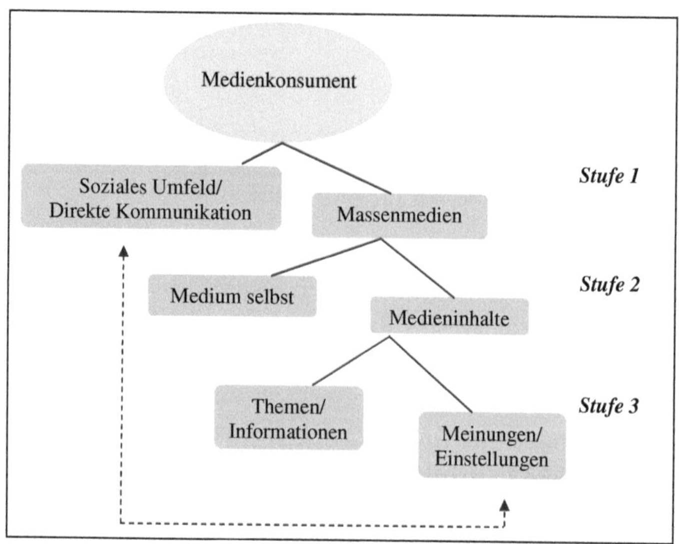

Abb. 3 Wirkungen von Massenmedien im sozialen Kontext – die Hierarchie von stärkeren zu schwächeren Wirkungen (BERGHAUS 2007, 46)

Die erste Stufe des Modells besteht aus dem sozialen Umfeld und den Massenmedien. Dabei hat das soziale Umfeld mehr Gewichtung, da es erst die Bedingungen zur Mediennutzung schafft und die Art und Weise wie auch die Häufigkeit dieser bestimmt. Eine Gefahr kann bei einem Mangel an sozialer Einbettung bestehen, woraufhin sich die Massenmedien an erste Stelle schieben und somit „auch sozial schädliche Wirkung auslösen" (BERGHAUS 2007, 47) können. Die zweite Stufe besteht aus Medium und Medieninhalt. Das Medium bedingt die Rezeption (nach MCLUHANS Aussage *The Medium is the message*) und folglich auch den Inhalt. So leben wir heute in einer Fernsehgesellschaft, wobei die

Auswirkungen des Internets bereits zu spüren sind. „Kurz: Die Verbreitung eines Mediums prägt die Gesellschaft und den Einzelnen, egal ob nun jeder das Medium nutzt oder nicht.“ (ebd., 48)

Auf der dritten Stufe konkurrieren Themen/Informationen (informierend und kognitiv) und Meinungen/Einstellungen (überredend und persuasiv). Dem, was hier in der Hierarchie einen untergeordneten Platz einnimmt, werde meist das größte Interesse in der Wissenschaft und der Öffentlichkeit eingeräumt. Themen und Informationen können jedoch viel mehr beeinflussen, als es oft von Meinungen und Einstellungen angenommen wird. Die Medien in ihrer ganzen Fülle lenken „die gesellschaftliche Aufmerksamkeit und schaffen einen gemeinsamen Wissenshintergrund, auf den sich sämtliche Gesellschaftsmitglieder beziehen können“ (ebd.). So kann sich eine häufige mediale Thematisierung in Politik und Wirtschaft wie auch in der Gesellschaft niederschlagen, wie das Beispiel des Klimawandels zeige.[11] Die Meinungen und Einstellungen können je nach individuellem sozialem Umfeld von jedem auf eine andere Weise interpretiert werden. Sie „bilden sich im sozialen Umfeld bzw. in der direkten Kommunikation und werden in die Massenmedien hineinprojiziert“ (ebd., 49).

„Die Macht der Medien ist also Informationsmacht und Aufmerksamkeitslenkungsmacht oder auch – Kehrseite der Medaille – Fehlinformationsmacht und Verschweigungsmacht. Sie ist jedoch nicht Meinungsmanipulationsmacht.“ (ebd.) Durch Fokussierung und Selektion beeinflussen die Medien unsere Weltwahrnehmung, was sich auf die Handlungsweise auswirken kann, z. B. auf eine erhöhte Spendenbereitschaft für das Ereignis A, während Ereignis B nahezu unentdeckt bleibt.[12] Negative Aspekte und Ängste sind dabei besonders starke Faktoren, welche die Medienwirkung beeinflussen.[13] (ebd.)

[11] Dies wird als *Agenda-Setting* verstanden, wobei gezielt Themenschwerpunkte gesetzt werden. Daneben gibt es noch *framing*, bei dem von der Gesellschaft als wichtig empfundene Themen selektiert und hervorgehoben werden, *priming*, als Art Erweiterung des *Agenda-Setting*-Ansatzes mit dem Ziel, das Publikum zu überzeugen, und *indexing*, wobei das Spektrum der Berichterstattung weitestgehend konform mit der politischen Elite ist. Ausführlicher s. CASTELLS, Manuel (2013): Communication power. Oxford: Oxford University Press.

[12] Ein aktuelleres Beispiel zu Beginn der Arbeit war das Erdbeben in Nepal im April 2015 und medial inszenierte Charity-Veranstaltungen wie der Red-Nose-Day auf Pro7.

[13] „Die Diffamierung von Personen kann Existenzen vernichten, ein Gerücht eine Politikerkarriere beenden, der Verdacht einer gefälschten Bilanz ein Unternehmen ruinieren; Meldun-

Der Begriff der Manipulation ist eher negativ konnotiert und beschreibt eine bewusste und gezielte Beeinflussung. Das Propagandamodell von HERMAN und CHOMSKY und die Bedeutung des sozialen Umfelds in der Medienwirkungsforschung zeigen, dass es sich zumeist vielmehr um eine (mehr oder minder unbewusste) Lenkung handelt.

Folgen zunehmender Medialisierung – die Zweite Realität

Die Medien in all ihren verschiedenen Ausprägungen sollen in erster Linie den Informationszweck erfüllen, doch „spätestens seit dem Golfkrieg von 1991 hat sich die Einsicht durchgesetzt, dass die Massenmedien eher wirklichkeitskonstruierenden als wirklichkeitsspiegelnden Charakter haben" (ECKOLDT 2007, 9). Das Prinzip der Aktualität einer Nachricht entscheidet über dessen Inhalt: „Erstes Handlungsprinzip der Massenmedien ist die Selbsterhaltung als Selbsterzeugung. Wirklichkeit als solche ist dafür nicht wichtig und wird nur unter stark limitierten Bedingungen zugelassen." (ebd.)

Die Nichtfiktionalität der Massenmedien bedeutet nicht unbedingt, dass es sich um eine objektive Berichterstattung handelt. Durch die Selektion von Informationen entsteht eine zweite Realität, die Medienrealität. (ebd., 57) Medien bilden ihre eigene Wirklichkeit, „eine transzendentale Illusion, im Sinne dessen, was durch oder für sie als Realität erscheint" (ebd., 54). So wird in jedem Falle über die Realität berichtet, jedoch nur aufgrund des „hochelaborierte[n] System[s] von Selektoren" (ebd.). Die Selektion der Nachrichten verdeutlicht den schmalen Ausschnitt der Wirklichkeit, der in den Medien seinen Niederschlag findet. Dabei sind die schlechten Nachrichten die Besten. Deutlich wurde dies bei den Anschlägen am 11. September 2001, da dies ein außergewöhnliches, emotionales und zugleich prägendes Ereignis war. (ebd., 56) Vergleichbar damit wäre auch der Fall der UdSSR und dessen Bedeutung für Deutschland.

---

gen über Schadstoffe in Lebensmitteln ganze Produktionszweige in den Zusammenbruch treiben, Informationen über Impfrisiken Impfstreiks und Krankheitswellen nach sich ziehen oder ausführliche Berichte über Sexualdelikte, Katastrophen und (drohende) Terrorangriffe verbreitet Ängste schüren sowie politische Extremhandlungen provozieren." (ebd., 49)

2 Zur Konstruktion von Fremdbildern

Fremdbilder sind jegliche Bilder, die wir von einem Individuum oder einer anderen Gruppe, z. B. einer anderen Nation haben. Im Folgenden sollen nun einige wichtige Begriffe der Sozialwissenschaft näher erläutert werden.

2.1 Stereotyp

Der Begriff Stereotyp (griech. *stereos* ‚fest' und *typos* ‚Form') entstammt der Drucktechnik und wurde von Walter LIPPMANN 1922 in seinem Buch *Public Opinion* in den Diskurs der Humanwissenschaften eingeführt. Der Grund für die Bildung von Stereotypen liegt meist in dem Bedürfnis der Vereinfachung und individuellen Ordnung in einer komplexen Welt begründet (ebd. 2004, 52).

Stereotype sind positive oder negative, oft stark emotional bedingte Werturteile (HAHN 2008, XIII). Sie werden auf Menschen oder Gruppen, teilweise auch auf Institutionen, angewandt und können „unterschiedlich definiert sein [...]: rassisch, ethnisch, national, sozial, politisch, religiös oder konfessionell, beruflich usw." (ebd. 2002, 20). Die Entstehung von Stereotypen kann auf zwei Ebenen erfolgen: Bei der sozialen Genese handelt es sich „um eine partielle oder völlige Übernahme eines Zeichensystems" über die Einflüsse des sozialen Umfelds (öffentliche und private Medien sowie Propaganda), während bei der historischen Genese die Stereotype „als sprachliche oder bildliche Formeln" über Generationen weitergegeben werden (ebd. 2008, XIII). „Es gibt die These, daß [sic!] Krisenzeiten besonders stereotypenproduzierend bzw. stereotypogen seien." (ebd.) Ferner weisen Stereotype eine empirische Resistenz auf, was bedeutet, dass sie rational-argumentativ nicht widerlegt werden können. Einfache Begegnungen zweier Gruppen können daher nicht wirklich zu einem konstruktiven Abbau des Schubladendenkens beitragen. Abweichungen des klassifizierten Konstrukts und Gegenbeispiele werden als Ausnahmen dargestellt. Stereotype sind allerdings leicht veränderbar, d. h. sie passen sich an das Umfeld an, bleiben jedoch im Kern gleich. (ebd., XIV) Je nach Kontext können demnach unterschiedliche Merkmale hervorgehoben werden.

Stereotype können weiter in Heterostereotype (‚Fremdbild' – *outgroup*) unterteilt werden, die in einer konträren Beziehung zu den Autostereotypen (‚Selbstbild' – *ingroup*) stehen. „Oft ist im Heterostereotyp schon das Autostereotyp enthalten, auch ohne daß letzteres [sic!] direkt genannt wird." (HAHN 2008, XVI) Dies begründet die Ähnlichkeit von Stereotypen einer Nation über unterschiedliche Nationen. So dient die Stereotypenforschung auch der Erforschung der Selbstbildkonstruktion: Das Stereotyp gibt wenig über die Wahrheit preis und enthält keinen großen informativen Gehalt über die andere Gruppe, sagt jedoch viel über die eigenen Einstellungen aus. (ebd., XVI) Je enger die Beziehungen zweier Länder, desto stärker die nationalen Stereotype, wie das Beispiel Russland und Deutschland zeigt (MAKULKINA 2013, 70).

Stereotypisieren heißt Kategorisieren, wobei die soziale Komponente eine entscheidende Rolle einnimmt. Stereotype können individuell entstehen oder auch kollektiv durch das soziale Umfeld vermittelt werden.

2.2 Vorurteil

Nach ALLPORT ist ein Vorurteil „eine ablehnende oder feindselige Haltung gegen eine Person, die zu einer Gruppe gehört, einfach deswegen, weil sie zu dieser Gruppe gehört und deshalb dieselben zu beanstandenden Eigenschaften haben soll, die man der Gruppe zuschreibt" (ebd. 1971, 21). ALLPORT unterscheidet weiter zwischen Vorurteil und Vorausurteil. Das Vorausurteil ist – anders als das Vorurteil – durchaus wandelbar, ohne dabei die emotionale Konstruktion zu erschüttern. Es wird erst aufgrund der Irreversibilität gegenüber neuen Erkenntnissen zu einem Vorurteil. (ebd., 23) Das negative Vorurteil ist eine negative Verzerrung der Realität, wobei es keine tragfähige, auf Wissen basierte Grundlage hat (SOMMER 2004, 303). Ebenso wie Stereotype erlangen Vorurteile „ihre gesellschaftliche Bedeutung […] aufgrund ihrer Identifikations- und Integrationsfunktion für die Mitglieder einer Gruppe durch Ausgrenzung anderer Gruppen" (JAHN 1980, 9).

Vorurteil vs. Stereotyp

In der Literatur wurde der Unterschied von Vorurteilen zu den Stereotypen mit ihrer vornehmlich negativen Konnotation begründet, wohingegen Stereotype – oft auch als Klischee bezeichnet – negativ wie auch positiv konstruiert sein können. Während Vorurteile eine „affektiv-emotionale Dimension“ aufweisen, zeigen Stereotype eine „kognitive Dimension“, z. B. die Orientierungsfunktion. Sie gelten als dauerhafte und stark reduzierte Ausschnitte der Welt. (PEUCKERT 2003, 423)

2.3 Feindbild

Ein Feindbild ist eine Anhäufung negativer Stereotype. Demgegenüber steht das Freundbild als Sammlung positiver Werturteile (JAHN 1980, 9). Feinbilder beziehen sich meist auf Gruppen, Ethnien, Nationen oder auch auf Ideologien. Sie können „als sozial vermittelte Deutungsmuster (Bilder) für gesellschaftliches und politisches Geschehen“ (SOMMER 2004, 303) verstanden werden. Dabei wird deutlich, dass das Feindbild stark zur eigenen Gefühlslage kontrastiert. Eine Bedrohung bspw. kann in einigen Ansätzen wahr sein, die negativen Aspekte des anderen werden dabei jedoch stark übertrieben. Die Kategorien von Feind und Freund spielen im politischen Diskurs eine entscheidende Rolle. Dabei muss jedoch das Feindbild vom realen Feind getrennt werden. (ebd.) Feindbilder weisen besondere Merkmale[14] auf und können je nach Bedingung unterschiedlich stark intensiviert sein.

Bei der Funktion der Feindbilder gibt es drei Ebenen: Auf individueller Ebene stärkt das Feindbild das positive Selbstbild, vermeidet den psychischen Aufwand, sich eigene Bilder des anderen zu machen und eine Gegenposition zu beziehen, erklärt Ängste und rechtfertigt Gewalt. Auf gesellschaftlicher Ebene kann es der Manipulation von Meinungen und Fehlinformationen dienen. (ebd., 310) Weiter kann es das Militär und seinen Standpunkt in der Gesellschaft stärken und Aufrüstung befürworten, zu einer generellen Stabilisierung der

[14] Negative Bewertung, Entmenschlichung und Empathieverweigerung, Schuldzuschreibung, Nullsummendenken und doppelter Standard (stark vereinfachte Bewertung) sowie Gruppendenken und Spiegelbild (sich ähnelnde gegenseitige Bewertung der feindlichen Parteien) (SOMMER 2004, 305 f.).

Gesellschaft führen und die internationale Problematik (z. B. auf das Ost-West-Schema) reduzieren (ebd., 311 f.). In gesellschaftlich schwierigen Zeiten können gemeinschaftliche Feindbilder die Integration der *ingroup* bestärken und den Zusammenhalt festigen. Darin zeigt sich die „enge Beziehung von vorurteilhaftem und ideologischem Bewußtsein [sic!]" (JAHN 1980, 1). Die Kontrastierung bei gleichzeitiger Auf- bzw. Abwertung kann so stark verankert sein, dass sie „als gegebene soziale Wirklichkeit" angesehen „und auch bei gegensätzlicher Erfahrung nicht revidiert wird" (WASMUHT 1987, 98).

Für Deutschland war vor allem das russische bzw. sowjetische Feindbild von Bedeutung. Durch Gorbačëv und die Bewusstwerdung der Folgen des Atomkriegs (genereller Einstellungswandel) sei es zu einem Feindbildabbau gekommen. (SOMMER 2004, 313) WELLER wies jedoch schon 1992 auf die Stabilität von Feindbildern hin und darauf, dass deren Abbau mehrere Jahre beanspruche, was unter Gorbačëv nicht eingetreten war. Deutlich wurde neben dem ‚allmählichen' Abbau der Ost-West-Kategorie hingegen eine wachsende Okzident-Orient-Kategorie (ebd., 41 ff.), was sich auch mit dem Antiterrorismus, vornehmlich gegenüber islamistischen Bestrebungen, als der letzten Komponente des Propagandamodells deckt.

Feindbild vs. nationales Stereotyp

Die politischen, negativen Feindbilder, „die einer Gruppe angeblich unveränderlich zugehörig sind und hochgradig affektiv aufgeladen werden" (BRANDT 2002, 212 f.), haben meist eine zielgerichtete und zeitlich begrenzte Intention wie im Krieg. Nationale Stereotype hingegen verfügen „gerade wegen ihrer ambivalenten Struktur und des Mangels an ideologischer Zielgerichtetheit über ein größeres Maß an Dauerhaftigkeit und Vielfältigkeit bei der Verwendung. Denn sie scheinen zeitlos und unpolitisch." (ebd.) Anders als Stereotype sind Feindbilder durchgehend negativ und können der Propaganda sowie der Legitimation politischen Handelns, häufig auf ideologischer Basis, dienen.

***

Fremdbilder sind soziale Kategorien, die sich nach physischen wie auch psychologischen Merkmalen konstituieren. Wichtig ist die Verallgemeinerung, die besonders den Stereotypen zugrunde liegt, wie auch die der anderen Gruppe zugesprochene Homogenität und die emotionale Komponente, besonders bei den Vorurteilen. Feindbilder unterscheiden sich von den Vorurteilen, indem sie deren Bündelung darstellen und deutlich politischer geprägt sind.

Bezüglich der nationalen Stereotype in Europa wird eine Kategorisierung in Ost und West (bzw. Nord und Süd) deutlich. Das Ost-West-Gefälle ist „das Produkt der geschichtlichen Entwicklung" (BASSEWITZ 1990, 9) und vielmehr kulturell als geografisch zu verstehen, wobei zu bipolaren Zeiten dem ‚Osten' stets die negative Kategorie zukam. Von der Antike, die noch die Süd-Nord-Dichotomie prägte (Römer vs. Barbaren), bis zur vorpetrinischen Epoche war Russland „eine ‚nordische Macht' […], der traditionelle Kennzeichen des Nordens zugeordnet wurden wie Kälte, Barbarei, Wildheit, aber auch die Nähe zur Hölle und zum Teufel" (MAKULKINA 2013, 75). Nach Peter I. blieben die Charakteristika bestehen, nur wurde Nord zu Ost. Nach dem Ende des Zweiten Weltkriegs ergänzten Diktatur, Unterdrückung und Bedrohlichkeit diese Eigenschaften. (ebd., 76) Den Fremdbildern liegen „Ungleichzeitigkeiten der jeweiligen national- und regionalgeschichtlichen Entwicklung zugrunde, aus denen langlebige Unter- und Überlegenheitsgefühle resultieren" (BRANDT 2002, 212), was sich auch im Fall von Russland und Deutschland zeigt. Die Wertungen können variieren, gehen jedoch auf dieselben Vorstellungen von Klischees und Charaktereigenschaften zurück. Der West-Ost-Kategorie folgend, kann das westlichere Volk je nach Auslegung „als dekadent (bzw. zivilisiert)" und das östliche „als barbarisch (bzw. natürlich)" (ebd.) gewertet werden. So kann die deutsche Tugend der Ordnung ebenso als kleinkariert und kleinlich gewertet werden wie auch als ordentlich und sauber. Dagegen kann dem deutschen Autostereotyp nach der russische Heterostereotyp als chaotisch, dem russischen Autostereotyp nach als gelassen gesehen werden.

3 Fremdbilder und Medien

Ebenso wie Medien nur einen Ausschnitt der Wirklichkeit darstellen und die Darstellungen nicht als wahrheitsgemäßes Abbild gelten können, sind auch Fremdbilder nur ein Ausschnitt der Realität. Diese Abbilder werden durch äußere – mediale, politische, gesellschaftliche und historische – und individuelle Faktoren, wie Angst und Hoffnung, bedingt.

Stereotype spielen bei der medialen Vermittlung eine entscheidende Rolle. Zum einen ist jeder Journalist durch seine stereotype Prägung und seine subjektive Berichterstattung – sei sie noch so objektiv – für deren (unbewusste) Weitergabe verantwortlich. Demgegenüber steht natürlich auch die absichtliche (propagandistische) Stereotypisierung. Zum anderen neigen Journalisten durch den Verkaufs- und Konkurrenzdruck, den Drang nach Aktualität und das Kriterium der Kürze zum Rückgriff auf Stereotype. (BASSEWITZ 1990, 3 ff.)

Die explizite Stereotypisierung ist offensichtlich und in manchen Beiträgen nachweisbar. Die implizite Stereotypisierung ist subtiler und weist ein bestimmtes Muster innerhalb eines Zeitraumes auf. Dabei handelt es sich besonders um die Struktur der Stereotypisierung. Manchmal lässt sich dies auf die redaktionelle Linie zurückführen. Implizite Stereotype wirken stärker, da sie meist unbewusst sind. (ebd., 6 f.) Explizite Stereotypisierungen sind durchaus beabsichtigter Natur. Stereotype können als journalistisches Hilfsmittel zur Steigerung der Attraktivität wirken. Bilder haben einen weitaus stärkeren emotionalen Effekt als Texte. Sie müssen Vorstellungen nicht erst konstruieren und zeigen dadurch vermeintlich mehr Realitätsnähe. Neben Stereotypen sind Metaphern weitere Kollektivsymbole, die den Mediendiskurs lenken und intensivieren können.

3.1 Das Russlandbild der Deutschen im Wandel

Nationale Stereotype sind für das politische Verständnis einer anderen Nation von entscheidender Bedeutung, da sie den politischen Diskurs durch das Fremdbild, sei es ein Freund- oder Feindbild, mitgestalten. In dieser Arbeit soll nicht auf den Ursprung von individuellen Stereotypen über Russland eingegangen, sondern das Augenmerk auf das politische Fremdbild in den Medien gelegt werden. Wenn im Folgenden von den bereits definierten Begriffen wie Stereotyp, Vorurteil oder besonders vom Feindbild die Rede ist, dann handelt es sich meist um das politische Russlandbild, d. h. ein stark politisiertes, in der Öffentlichkeit vorherrschendes Fremdbild. Wichtig ist zudem, dass dabei das politische Russlandbild oft ein verallgemeinertes Bild der russischen Gesellschaft ist.

Das Russlandbild in den deutschen Medien und auch in der Literatur war schon immer ein interessanter Forschungsgegenstand. In letzter Zeit wird das (verfälschte) Bild über die Russen in den westlichen Medien immer häufiger zum Gegenstand wissenschaftlicher Analysen. Je nach Zeit oder Autor bspw. in der Literatur kann zwischen Sympathie (*Russophilie*) und Abneigung (*Russophobie*) unterschieden werden. Russland und Deutschland haben eine lange kulturelle, politische und wirtschaftliche Tradition. Umso interessanter sind daher die entstandenen Fremdbilder, weshalb nun ein kleiner Überblick über das deutsche Russlandbild seit dem letzten Jahrhundert erfolgen soll.

Das deutsche Russlandbild war nicht immer negativ. Gerade unter Peter I. und Katharina II. zeigte sich eine deutliche Sympathie sowohl in der Gesellschaft als auch in der Literatur. Die russophilen Perioden waren aber vergleichsweise kurz. Für das heutige Image ist das 20. Jahrhundert besonders prägend. Schon die Kriegspropaganda im Ersten Weltkrieg nutzte das russische Feindbild vorheriger Epochen zur Gegenüberstellung von West und Ost (Gut und Böse). Zwar verbesserten sich die Verhältnisse zu Zeiten der Russischen Revolution, jedoch galt die später gegründete UdSSR im Nationalsozialismus als erbitterter Feind, wobei nun die ‚Barbaren und Rückständigen' aus dem Osten zusätzlich den negativen Stempel des Bolschewismus erhielten. Der nationale Antirussismus wurde zum ideologischen Antikommunismus bzw. Antisowjetismus.[15]

Zur nationalsozialistischen Propaganda aus dem Zweiten Weltkrieg kamen die Politik der UdSSR, die Vertreibung der deutschsprachigen Bevölkerungsgruppen aus den Ostgebieten des ehemaligen Deutschen Reiches nach dem Ende des Zweiten Weltkriegs, der Kalte Krieg, der Korea-Krieg und das Vorgehen der

---

[15] Die Genese des deutschen Russlandbildes seit dem 16. Jh. ist bei ZYKOVA ausführlicher nachzulesen. Zur weiterführenden Literatur s. auch: GASSNER; Florian (2013): Nemeckij obraz Rossii: predystorija XX veka. In: MAKARYČEV, Andrej (Hrsg.): Rossija i Germanija v prostranstve evropejskich kommunikacij. Kollektivnaja monografija. Tjumenskogo gosudarstvennogo universiteta: Tjumen', S. 133–152.

UdSSR bei den Aufständen in der DDR (1953), Ungarn (1956) und der Tschechoslowakei (1968) (Gavrilova 2005, 43). Die Entwicklung in Deutschland nach dem Zweiten Weltkrieg und die Teilung in die vier Besatzungszonen förderten die negative Haltung zur UdSSR und die eher positive Haltung zu den westlichen Besatzungsmächten (Brandt 2002, 222). Dabei galt der Kalte Krieg als Ergebnis des sowjetischen Expansionismus (Loth 1983, 158).

Besonders Adenauers westaffine Außenpolitik prägte den Aufbau der BRD und das negative Fremdbild der UdSSR. Das gemeinsame Feindbild rückte die Bevölkerung zusammen und die durch die Medien geschaffene permanente Bedrohung diente als Mittel der Stabilisierung. (Gavrilova 2005, 49 ff.) Die ideologischen Gegensätze sollten u. a. durch kulturelle Unterschiede ihre Bestätigung finden, wobei eine Differenzierung zwischen russischer und sowjetischer Bevölkerung im Allgemeinen ausblieb.[16] Dazu gehörte auch die Betonung des ‚asiatischen Charakters'. (Brandt 2002, 223) Prägend für das Bild der UdSSR waren die von Truman und Reagan oft verwendeten „Kriegsmetaphern: ‚Rote Gefahr' (*red scare/menace*), ‚Kommunistische Expansion' (*communist expansion*) oder ‚kommunistische Bedrohung' (*communist menace*) [und] Religionsmetaphern: ‚Reich des Bösen/Achse des Bösen' (*evil empire*) und ‚antikommunistische Hexenverfolgung' (*anti-communist witch-hunt*)" (Makulkina 2013, 77 [Herv. i. O.]). Die Ost-West-Linie erhielt schließlich durch die innerdeutsche Grenze eine physische Komponente.

Aber nicht nur die CDU/CSU fügte sich dem Antikommunismus, auch die SPD hielt lange Zeit an dieser Überzeugung fest (ebd., 224). Zu Zeiten Brandts war die BRD schon fest im Westbündnis integriert. Deshalb waren die Schaffung und die permanente Aufrechterhaltung des Feindbildes, die zum Aufbau einer westdeutschen Identität verwendet wurden, nun von geringerem Belang und mussten transnationaler Zusammenarbeit weichen. Die Feindbilder verschwanden nicht völlig, jedoch ebnete die begonnene Entspannungspolitik den

[16] Die synonyme Verwendung von ‚russisch' und ‚sowjetisch' war während der gesamten Zeit der UdSSR vorherrschend und wird gegenwärtig ebenso verwendet. Dies mag besonders an der geografischen und politischen Überlegenheit der RSFSR sowie der ethnisch-russischen Bevölkerung innerhalb der UdSSR liegen. Es zeigt jedoch auch die Neigung zur Verallgemeinerung sowie zum Zuspruch von Homogenität einer anderen Gruppe und dass Fremdbilder und in diesem Fall Feindbilder nur Ausschnitte der Realität sind.

Weg für Schmidts Ostpolitik. Zu Beginn der 1970er-Jahre war auch die Mehrheit der westdeutschen Bevölkerung für Kooperation und eine Verbesserung der sowjetisch-deutschen Beziehungen. (GAVRILOVA 2005, 52 f.) Das Bedrohungsszenario blieb – trotz konjunktureller Schwankungen – dennoch konstant. Zeitgleich veränderten die Ereignisse nach dem Vietnamkrieg, dem Afghanistankrieg und dem damit verbundenen NATO-Doppelbeschluss zur Nachrüstung in Europa auch das Bild gegenüber den USA. (BRANDT 2002, 230 f.)

Antisowjetismus war die Grundlage der westlichen Außenpolitik – ein Bruch mit dem Potsdamer Abkommen von Demokratisierung und Neutralität der deutschen Besatzungszonen –, die zum einen die Anti-Hitler-Koalition zerstörte und sich zum anderen erneut dem propagandistischen Prinzip des Nationalsozialismus bediente. Der sowjetische Kommunismus wurde mit dem Faschismus gleichgestellt, mit dem man eigentlich brechen wollte. Obwohl die Mehrheit der deutschen Bevölkerung in den ersten Nachkriegsjahren diesen Kurs nicht gerade ersehnte, waren es die eigene Unsicherheit und das Unwissen sowie die Hoffnungen auf einen Fortschritt nach der ‚Stunde Null', weshalb sie sich dem Einfluss von Medien und Politik nicht entziehen konnte. Auf diese Weise trug die Politik der USA durch eine Missachtung des Potsdamer Abkommens ebenso zur Spaltung in zwei Blöcke bei. (KADE 1983, 17 ff.)[17] Der (west-)deutsche Antikommunismus/-sowjetismus hatte den nationalsozialistischen Antibolschewismus als leitende Ideologie abgelöst.

3.2 Die Rolle der Medien

Wenn – wie im Eingangskapitel erwähnt – den Medien in den heutigen demokratischen Staaten keine explizite Manipulationsmacht zugesprochen werden kann, wie war dann vor mehr als einem halben Jahrhundert bei der Geburtsstunde des nach dem westlichen Verständnis demokratischen Deutschlands solch eine mediale Manipulation möglich?

Dies lag zum einen an dem Zusammenspiel von geringer staatlicher Souveränität und gleichzeitiger Informations- und Meinungsfreiheit, die von außen

[17] Dabei sollte nicht unerwähnt bleiben, dass in der Verfassung der UdSSR von 1977 als der einzigen Verfassung die Absichten der KSZE (Konferenz über Sicherheit und Zusammenarbeit in Europa) über internationale Beziehungen verankert sind (KADE 1983, 98).

leicht beeinflusst werden konnte. Zum anderen handelte es sich um die Freiheit von Meinungen in einem besetzten Deutschland, bei der eine „Tabuisierung der Besatzungspolitik“ nicht ausblieb, allen Anstrengungen gegen „politische Monopolisierung von Information und Meinungen“ (SYWOTTEK 1983, 294 f.) zum Trotz. Zwar gab es offiziell keinen „Weisungsjournalismus […], so war doch mit der ersten Personalauswahl, der anfangs ausgeübten Zensur, dem Papiermangel und der Drohung mit Lizenzentzug oder befristetem Publikationsverbot für Periodika eine Reihe von Mitteln zur Beeinflussung der veröffentlichten Meinung der Deutschen vorhanden“ (ebd., 295). Die Medienapparate unterstanden der Besatzungsbehörde und lieferten somit die Richtlinien für die Journalisten. (ebd.) Das Interesse der Westmächte galt einer Polarisierung Westdeutschlands für die angloamerikanische Demokratie und gegen den sowjetischen Kommunismus, eine Art der „psychologischen Kriegsführung im Kalten Krieg“ (ebd., 314). In dem Sinne war die deutsche Medienpolitik die der Besatzung, die sich nach dem Zweiten Weltkrieg konstatierte und auch noch einige Jahre später deutlich zu spüren war.

Schon zu Zeiten des Kalten Kriegs wies die Russlandberichterstattung eine Neigung zur Einseitigkeit und Negativität auf (KADE 1983, 27 ff.). Deutlich wurde dabei die besondere Stellung der sowjetischen Bevölkerung: Durch die Beschreibung verschiedener Gesellschaftsschichten und der sowjetischen Propaganda „galt […] [es] den Eindruck zu erzeugen, daß [sic!] die sowjetische Bevölkerung nicht mit dem Regime gleichgesetzt werden kann, das sich für sie artikuliert“ (SYWOTTEK 1983, 326). Betrachtungen des politischen Systems waren demnach häufig an Einzelpersonen gebunden, wobei Brežnev, Chruščëv und Stalin „für Hauptperioden der Geschichte des sowjetischen Regimes nach dem Zweiten Weltkrieg [standen], die durch kurze Übergangsphasen ‚kollektiver Führung‘ verbunden waren“ (ebd., 327). Auf der nicht-politischen Ebene dienten die Darstellungen zur Bestätigung des Fremdbildes. Die positiv beschriebenen Dissidenten konnten auf diese Weise zur Betonung eines antidemokratischen Systems verwendet werden. (ebd., 356 ff.) Im Folgenden soll nun der mediale Einstellungswandel gegenüber der UdSSR und der späteren RF nach der Etablierung der Demokratie in Deutschland untersucht werden.

Teil II

4 Das Medienbild im Wandel

4.1 Gorbačëv – Der traurige Held der Perestrojka[18]

Gorbačëv war das letzte Staatsoberhaupt der ehemaligen UdSSR. Seine Politik von *Uskorenie*, *Perestrojka* und *Glasnost'*, die 1991 in der Auflösung der Sowjetunion mündete, wird nach wie vor im In- sowie im Ausland unterschiedlich wahrgenommen. Während der *Westblock* darin vor allem das Ende des Kalten Krieges sah, ist er in den ehemaligen Unionsrepubliken, besonders aber in der RF, ein nicht gerade bejubelter Mann, der vielen nur den Untergang ihres Heimatstaates sowie Armut und Chaos brachte.

Wie bereits gezeigt, hatten die ehemaligen westlichen Besatzungsmächte, besonders die USA, Einfluss auf die Entwicklung der (west-)deutschen Identität und Staatsgründung. Durch die bipolare Teilung der Welt geriet die BRD in die Kategorie des Westens und war demnach von direkter, aber mehr noch von indirekter Beeinflussung – durch das Hochhalten eines gemeinsamen Wertesystems – betroffen. Als Gorbačëv die politische Weltbühne betrat, befand sich die UdSSR noch in der klaren Kategorie des Feindes. Einer, der sich um die Aufrechthaltung des antisowjetischen Feindbildes besonders verdient machte, war Ronald Reagan, der Präsident der USA. Die politischen Bestrebungen Gorbačëvs wurden zu Beginn nicht wirklich ernst genommen. Dies änderte sich jedoch durch die politischen Schlagwörter der 1980er-Jahre – Glasnost' und Perestrojka –, die auch in der Sowjetunion eine neue Politikära einleiten sollten. Ein wichtiger Punkt, der einen Einstellungswandel besonders in Deutschland ermöglichte, waren weniger seine innenpolitischen Intentionen, sondern die Frage nach der deutschen Wiedervereinigung.

Gorbačëv begann seine Karriere unter Andropov, wurde 1985 zum Generalsekretär der KPdSU und erhielt 1988 den Vorsitz des Präsidiums des Obersten

[18] Der Titel entstammt einer gleichnamigen Dokumentation des ZDF aus dem Jahr 2010 *Mythos Gorbatschow – Der traurige Held der Perestroika* (vgl. LOZO 2010).

Sowjets. Gleich zu Beginn machte er durch seine Reformpolitik auf sich aufmerksam. Zu diesen Bestrebungen gehörte auch die Aufarbeitung der eigenen Vergangenheit mit einhergehender Rehabilitierung der Dissidenten, verbannten Literaten und Philosophen, der Rückzug aus Afghanistan, seit 1988 die verstärkte Abrüstung und die Absage an die Brežnev-Doktrin[19]. Die Bilanz dieses Vorhabens sollte eigentlich positiv sein, doch in der Sowjetunion selbst waren die Reaktionen durch die Folgen eines durchaus radikalen Umbruchs deutlich ablehnender. Wenn auch im Westen die politischen Bestrebungen Gorbačëvs zu Sympathiebekundungen führten, kann nicht von einem durchgängig positiven Bild ausgegangen werden. Im Folgenden sollen nun die mediale Entwicklung des deutschen Sowjetunionbildes und die Rolle der von den Medien geschaffenen *Gorbimanie* verdeutlicht werden.

Obwohl Reagan das antikommunistische Bild verstärkte, fand das Genfer Gipfeltreffen (19.–20.11.1985) auf sein Geheiß statt. Gorbačëv wusste um die Notwendigkeit der Verbesserung der Beziehungen, doch war er es, der möglichen Ergebnissen nüchtern entgegenstand. Die *Strategic Defense Initiative* (SDI) spielte dabei eine herausragende Rolle. Die WELT stellte das Treffen in Form eines Spiels dar, die SZ als Duell. Durch Karikaturen untermauert, wurde Gorbačëv die Position eines sturen, brutalen Politikers zugeschrieben, während Reagan als Stratege deutlich positiver dargestellt wurde. Die UdSSR setzte – so die Darstellungen – auf die SDI, Reagan allerdings auf die Menschenrechte und die Verbesserung der Situation in den eurasischen Konfliktregionen. Die deutschen Zeitungen standen dem Ereignis schon im Vorfeld der Ergebnisse skeptisch gegenüber. Laut der WELT war das Treffen Reagans ‚Politik der Stärke' zu verdanken. Reagans Ambitionen für persönliche Beziehungen wurden öfter erwähnt, nicht aber die Bedingungen von solch einem Treffen, die erst durch Gorbačëvs Antritt möglich waren. Ein Kennzeichen der Berichterstattung war die Hervorhebung der Gegensätzlichkeit, der guten USA und der schlechten UdSSR, die immer wieder in die alten von Klischees behafteten Darstellungsweisen zurückfiel. Anders als WELT und BILD waren FR und SZ den USA

[19] 1968 verkündete Brežnev die Beschränkung der Souveränität der Mitgliedstaaten des Warschauer Paktes. Die neue Haltung unter Gorbačëv wurde in diesem Zusammenhang von den USA als Sinatra-Doktrin bezeichnet, in Anlehnung an Frank Sinatras Welthit *My Way* (MUCHAMETOV 2012, 10).

gegenüber etwas kritischer. Das Augenmerk wurde auf die Persönlichkeit Gorbačëvs gelenkt. So ließ BILD Psychologen die Verhaltensweisen Gorbačëvs analysieren und beschränkte sich auf die Beschreibung seines Charakters. Die WELT berichtete von einer suspekten ‚Charme-Offensive'. Gorbačëv wurde das Festhalten an der kommunistischen Ideologie vorgeworfen, die er nicht überwinden *wollte*. Auch Raisa Gorbačëva wurde in den Zeitungen thematisiert, mit unterschiedlichen Meinungen und den verschiedensten ‚tiefgründigen' Interpretationen ihres Kleidungsstils: So galt ihr Tuch als Ausdruck von Wohlstand und ihr Absatz kam sehr grotesken Vorstellungen einer Rakete gleich. Die Darstellung war im Allgemeinen klassisch klischeehaft und ließ Gorbačëv kaum eine Chance, sich von seinen Vorgängern politisch abzuheben. Deutlich wurde jedoch die erneute Kontrastierung von System und Volk. Das negative Bild wurde nur in geringem Maße durch die lernwilligen Russen und Gorbačëvs Verhalten in einigen Situationen aufgewertet. Selbst die angegangene Abrüstungskontrolle wurde von negativen Beschreibungen verbaut. (GAVRILOVA 2005, 79 ff.)

Einen weiteren Einschnitt bildete die Katastrophe von Černobyl' (26.04.1986). Anders als beim Genfer Gipfeltreffen war die journalistische Anteilnahme ausgeglichener. Die Berichterstattung der Katastrophe beinhaltete jedoch mehr Kritik am politischen Informationsmangel anstelle einer Ursachenbeschreibung der eigentlichen Katastrophe. Der Mangel an Aufklärung galt als klassisches Muster für das System und als Zeichen gegen Gorbačëvs angekündigte Transparenz: Die Regierung vermeide Klarheit aus Angst vor Prestigeverlust im In- sowie im Ausland. Die Berichterstattung hatte sich in einigen Teilen schon weit von der Katastrophe entfernt, diente aber der Stereotypisierung. Das Unglück wurde mit dem sowjetischen System und dessen Unfähigkeit begründet. Dabei teilten sich jedoch die Meinungen in zwei Lager: Aufgrund der bevorstehenden Wahlen schlugen sich BILD und WELT auf die Seite der CDU und wiesen Forderungen nach einem deutschen Atomausstieg zurück, bei gleichzeitiger Panikmache vor den radikalen Folgen Černobyl's. Die eher linksgerichteten Medien forderten, die notwendigen Konsequenzen (Ausstieg aus dem Atomstrom) zu ziehen und wurden u. a. mit dem Vorwurf der Sympathie mit der UdSSR konfrontiert. (ebd., 90 ff.) An diesem Beispiel zeigt sich die

Instrumentalisierung der Ereignisse und Feindbilder durch Medien, was hier die Gesellschaft aber eher spaltete als stabilisierte, und zwar in *Pro-Kohls* und *Anti-Kohls* mit der Forderung nach dem deutschen Atomenergieausstieg.

Der *Fauxpas* dieser Zeit auf deutscher Seite war wohl der Vergleich Gorbačëvs mit Goebbels durch Kohl in einem Newsweek-Interview am 16.10.1986. Auch das wurde von den jeweiligen Zeitungen im Wahlkampf instrumentalisiert. Während die *Pro-Kohls* das Zitat beschwichtigend herunterspielten, kritisierten die liberalen Zeitungen diese Äußerung scharf. Der Vergleich des Nationalsozialisten Goebbels mit dem Kommunisten Gorbačëv zeigte aber auch das immer noch währende antikommunistische Feindbild der deutschen Gesellschaft. Interessanterweise wurden auch danach die Reaktionen der UdSSR auf das Zitat instrumentalisiert, die Kohls Verhalten angeblich nutzen wollte, um ihre antiwestliche Politik zu begründen. (ebd., 96 ff.)

Die Landung von Mathias Rust in der Nähe des Roten Platzes am 28.5.1987 markiert eine Schnittstelle in der medialen Wertung: Blamage, Scham, Gelächter, erniedrigende Karikaturen – das waren die Bilder, die die westlichen Zeitungen entgegen der gängigen Wahrnehmung der UdSSR vermittelten. (GAVRILOVA 2005, 101 ff.) Rust sei „unbemerkt nach Moskau geflogen. Die waffenstrotzende Supermacht hat sich bis auf die Knochen blamiert." (LOZO 2010b, 2:30) Im gleichen Atemzug jedoch wird erwähnt, dass „Gorbačëv […] das Versagen der Luftabwehr zum Anlass [nimmt], die Abrüstungsgegner in der Militärführung abzusetzen" (ebd., 2:46). Das wurde wiederum positiv und als westlicher Fortschritt gesehen. Anders als bei der Černobyl'-Katastrophe, wo ein negatives Bild geschaffen wurde, wurde hier bereits von einem möglichen Wandel gesprochen. Ab diesem Zeitpunkt wurden Perestrojka und Glasnost' vermehrt nicht mehr in ihrer Übersetzung, sondern in der Originalsprache verwendet. Das änderte zunehmend das Feindbild und vergrößerte die Hoffnung auf den Wandel in der Welt und vor allem im geteilten Deutschland. (GAVRILOVA 2005, 105 f.)

Die unterschiedlichen Bewertungen der verschiedenen Ereignisse, aber vor allem auch eines einzigen Ereignisses durch verschiedene Medientitel, zeigen die ambivalente Wertung der UdSSR. Zu diesem Zeitpunkt kann zwar noch nicht von einem starken Einstellungswandel gesprochen werden, jedoch ist gerade in der folgenden Episode mit der Hoffnung auf Wiedervereinigung eine deutlich positivere Tendenz in der medialen Beurteilung zu erkennen.

Nach fünf Jahren war Kohls Staatsbesuch in der UdSSR (24.–27.10.1988) der erste Besuch, bei dem man u. a. die deutsche Frage klären wollte, die sich aus einer durch Wirtschaftsförderung und Perestrojka bedingten Zuversicht und der positiven Stimmung in Deutschland ergab. Jedoch war man auch skeptisch angesichts der angeblich starren Politik der Sowjetunion. Nicht alle Zeitungen waren bei diesem Besuch für die Klärung der deutschen Frage. Besonders die links-liberalen Medien fokussierten andere Themen. Aber auch die WELT setzte auf die Menschenrechtsforderungen und die Republik der Wolgadeutschen. Laut FR war die Rehabilitierung von Andrej Sacharov als Zeichen des Wandels zu sehen. Sie äußerte jedoch immer noch Skepsis gegenüber Gorbačëv, der immer ein Kommunist bleiben werde. Oft wurde er mit Chruščëv vor 1965 und der Tauwetter-Periode verglichen. (ebd., 107 ff.) Nach 1988 kam es vermehrt zu einem Imagewandel durch die „Ernsthaftigkeit und Umwälzungen in der Sowjetunion und die Abhängigkeit der östlichen Macht von der wirtschaftlichen und politischen Teilnahme der Bundesrepublik an der sowjetischen Umgestaltung“ (ebd., 111). Die Auffassung von 1987 von der Unreformierbarkeit der UdSSR wandelte sich durch Kohls Besuch 1988 zu einer Reformierbarkeit durch Gorbačëv. Das Feindbild des Antikommunismus vor 1988 mit einer ideologischen und auch physischen (militärischen) Bedrohung war fast verschwunden. Nun war es vielmehr der totalitäre Staat, der trotz der Bemühungen, u. a. aufgrund des Fehlens einer Opposition, kein demokratisches System zulasse. (ebd., 112)

Die schon angedeutete Euphorie für Gorbačëv wurde durch seinen Staatsbesuch in der BRD (12.–16.6.1989) umso deutlicher. Dieser Staatsbesuch war vor allem ein quantitatives Medienereignis. Im Vorfeld erschienen viele positive Artikelserien. Gorbačëvs Charakter war nicht mehr launisch, sondern entschlossen. BILD beschäftigte sich vor allem mit der Frage der Wiedervereinigung und drückte diesen Wunsch mehrfach aus. Thematisiert wurden zudem Gorbačëvs Führungsqualitäten und die Angst vor seinem Scheitern durch seine Gegner im Inland. Andere Zeitungen begrüßten die sowjetische Deutschlandpolitik und das Wirtschaftspotenzial der Sowjetunion. Dazu kamen Kritik und Zweifel an der korrekten Durchführung der Perestrojka auf. Die ‚Gorbimanie' ergab sich nicht nur aus der Hoffnung auf Wiedervereinigung, sondern auch aus der Tatsache, dass die UdSSR aus Sicht der Deutschen nun keine (militärische) Bedrohung mehr darstellte. Die einzelnen Zeitungen unterwarfen sich einer absichtlichen Politisierung durch den Abdruck von Briefen und Forderungen beider politischer Lager. Man sprach vermehrt von dem durch Gorbačëv proklamierten ‚Gemeinsamen Haus Europas'. Die BILD nahm dabei eine Sonderstellung in der Berichterstattung ein und wurde oftmals zitiert: Während die ‚Gorbimanie' von den anderen Zeitungen zu erörtern versucht wurde, wollte die BILD diese bewusst konstituieren und aufrechterhalten. Die Wahrnehmung der Russen enthielt jedoch noch tiefe Stereotype: Der Bär war nun aber nett und tanzte. (ebd., 112 ff.) Was durch die Angst vor dem Scheitern Gorbačëvs bereits deutlich wurde, war die enge Kopplung der deutschen Medien von Person und Politik: Das Gegenteil von Gorbačëv wäre der Rückfall.

Das gesteigerte mediale Interesse 1989 lässt sich mit dem Weltereignis Mauerfall und den vorangegangenen politischen Veränderungen erklären. Im Vergleich der Magazine SPIEGEL und STERN war das Themenfeld von größtem Umfang ‚Politik und Zeitgeschichte' (ca. 45 %). (DANILIOUK 2006, 153) Für sein politisches Vorgehen bekam Gorbačëv Widerstand in seinen eigenen Reihen zu spüren.[20] Diese Konfrontation wurde zunehmend in der Presse thematisiert. Auffällig war die häufige Verwendung der Imperiums-Metaphorik. Die Person Gorbačëv bestimmte maßgeblich die Berichterstattung. Dabei waren die Beschreibungen seines Charakters nicht unwesentlich, wobei Gorbačëv nun aufgewertet und von seinen Vorgängern klar abgegrenzt wurde. Ferner fanden die Ausmaße der Perestrojka im Militär mit der geplanten Abrüstungs- und Entspannungsstrategie Niederschlag in der deutschen Presse. Interessanterweise wurden die sowjetischen Militärs dadurch – im Gegensatz zu den westlichen Militärs – deutlich positiver dargestellt. Die positive Entwicklung wurde durch verharmlosende Darstellungen der UdSSR unterstützt. In Bezug auf die bilateralen Beziehungen führten STERN und SPIEGEL nach Gorbačëvs

[20] Gegner dieser Politik waren nicht nur in der radikalen Opposition zu finden, die die Politik stoppen wollte, sondern auch unter denjenigen, die einen rapideren Prozess verlangten. Darunter befand sich auch El'cin. (LONGWORTH 2005, 289)

Besuch Meinungsumfragen durch, die zum häufigsten Stilmittel wurden. (ebd., 154 ff.) Solche (lenkenden) Stilmittel können ebenfalls politisierend wirken.

Das zweitgrößte und differenziertere Themenfeld war ‚Gesellschaft und Alltag' (ca. 25 %), was auch das ‚Entdecken' des Landes ermöglichte. Dazu gehörten Berichte über Meinungs- und Pressefreiheit, aber auch Kriminalität, Brutalität, Mafia und Korruption in der UdSSR. (ebd., 182 ff.) In die Unterkategorie ‚Umwelt' fiel fast ausnahmslos (nur!) Černobyl'. Im Zusammenhang mit der ‚Sowjetischen Lebenswelt' fokussierten STERN und SPIEGEL den Themenbereich „Human Interests" – „Inhalte, die sich vordergründig an dem zu erwartenden Leserinteresse orientieren bzw. auf eine hohe Verkaufsquote ausgerichtet sind, [...] die Landesküche, das Sexualleben oder Sensationsmeldungen zu Einzelaspekten wie Ufo's [sic!], Wunderheilern oder Schneemenschen" (ebd., 191 f.). Das zeigt, dass nun die Sowjetunion ebenso den Boulevardthemen unterlag wie westliche Gesellschaften.

In ‚Kultur, Wissenschaft und Sport' wurden die Rehabilitierung von Dudinzev, Brodskij und Solženicyn oder die Entfaltung der Musik thematisiert. Neben der tendenziell positiven Beurteilung der klassischen Musik und Kultur gesellte sich auch die Kritik an einer *zu* klassischen, rückständigen Musik und Kultur. Auch die Wissenschaft wurde ambivalent betrachtet; (positive) Errungenschaften im Weltraum bei gleichzeitiger (negativer) Rückständigkeit in der Technik. (ebd., 195 ff.) Dem Thema ‚Wirtschaft und Entwicklung' wurde weniger Beachtung geschenkt (9,4 %). Wichtige Motive waren die Schaffung von neuen Bedrohungsszenarien, Kontrastierung von modern und konservativ und die „ambivalente Wahrnehmung der Bevölkerung", die zwischen Mitleid mit der sowjetischen Bevölkerung und Verurteilen ihrer Gleichgültigkeit (Selbstschuld) schwankte. Positiv gewertet wurden Fortschritte im Sinne des kapitalistischen Systems. (ebd., 173 ff.) Jedoch: „Nicht zufällig war die sowjetische Wirtschaft Ausgangspunkt der Perestrojka und zugleich auch Gradmesser ihrer Umsetzung." (ebd., 174) Ein weiteres Thema bildete ‚Geografie, Geostrategie und Ethnien' (5 %), wobei der Schwerpunkt auf Reisen und Nationalitätenkonflikten lag. ‚Russisch' und ‚sowjetisch' wurden dabei fast durchgängig als Synonyme verwendet. (ebd., 202 f.)

Anders als im Inland, wo die Probleme, die sich durch seine Reformpolitik ergaben, Gorbačëv viel Zustimmung einbüßen ließen, konnten diese die ‚Gorbimanie' in Deutschland nicht schmälern. Der ihm überreichte Friedensnobelpreis 1990 für die Beendigung des Kalten Krieges wurde von der sowjetischen Bevölkerung stark kritisiert. Es hielt sich das Bild, dass er in der Welt viel bewege und sich dort herumtreibe, zu Hause aber nichts verbessern würde. So beginnt auch die oben erwähnte Dokumentation *Mythos Gorbatschow* aus dem Jahre 2010 mit der einleitenden Sequenz des neuen, jungen und modernen Russlands und den Aussagen von jungen Russen, die sich nicht oder nur vage an den letzten Staatschef der UdSSR zu erinnern scheinen. Hinzugefügt wird, dass sie auch kaum zur Kenntnis nehmen, dass ihr Russland aus eben dieser hervorging (LOZO 2010a, 0:30). Eine sehr kritische Behauptung, die zeigt, dass Gorbačëv zum einen für das russische (sowjetische) Bewusstsein nicht so sehr von Relevanz zu sein scheint wie für Deutschland, dass zum anderen aber auch noch mehr als zwei Jahrzehnte danach das russische Volk als undankbar und gleichgültig gezeigt werden kann.

***

In Deutschland noch mit *Gorbi*-Rufen begrüßt und als *das* sowjetische Oberhaupt gefeiert, das der UdSSR und der Welt Freiheit ermöglichte, wandelte sich das Bild, nachdem bemerkt wurde, dass die Ideen und Reformen nicht in einem so schnellen Tempo umzusetzen waren, wie anfangs erhofft. Plötzlich erschienen neue Politiker ohne den überschattenden Hintergrund der Kommunistischen Partei. Sacharov, El'cin und Afanas'ev galten als „die mutigen Vorkämpfer der Demokratie" (LOZO 2010b, 6:43).

Gorbačëv ließ sich am 14.03.1990 von den Volksdeputierten zum Staatspräsidenten der UdSSR wählen. Er erhielt knapp 59 %. Sein Ansehen war in der sowjetischen Bevölkerung so schlecht, dass ihm auf der Maiparade Buhrufe entgegenschallten. Während des Augustputsches stand Gorbačëv unter Arrest. El'cin, der zum Präsidenten der RSFSR gewählt wurde, konnte den Putsch gegen Gorbačëv abkehren, sein Ansehen jedoch nicht retten. El'cin hatte de facto nun die Macht, und Abspaltungen der Unionsrepubliken folgten. Zusammen mit der Öffnung und Liberalisierung sowie der Absage an die Brežnev-

Doktrin wurde dazu beigetragen, dass sich die ehemaligen Unionsrepubliken auf ihr Selbstbestimmungsrecht beriefen, was im Westen natürlich willkommen war und auch unterstützt wurde. Auch wenn sich die ‚Gorbimanie' langsam legte und auch heute nicht mehr so stark ist, hält man dies noch für ein wichtiges und gutes Ereignis, was durch Gorbačëv ermöglicht wurde: „Gorbačëv lässt sie [die Unionsrepubliken] gehen und verzichtet auf militärische Gewalt – vielleicht sein größtes Verdienst." (ebd., 2:08) Jedoch waren es El'cin und die Oberhäupter Weißrusslands und der Ukraine, die die Auflösung der UdSSR ohne Gorbačëvs Wissen besiegelten. El'cin verbot in einer öffentlichen Rede Gorbačëvs die KPdSU, was im Westen als Demütigung gesehen wurde. Die Sowjetunion zerfiel endgültig, und am 25.12.1991 trat Gorbačëv de jure und notgedrungen zurück. Seine Partei war nun illegal. 1996 trat Gorbačëv bei den zweiten Präsidentschaftswahlen der neu entstandenen RF an: „Gerade einmal ein halbes Prozent der Stimmen bekommt der traurige Held der Perestrojka von seinem Volk." (LOZO 2010d, 8:41)

4.2 Russenpräsident El'cin

Ebenso wie sein Vorgänger ziert auch sein Name eine Flasche einer hochprozentigen Spirituose, die wohl den meisten in Deutschland mehr sagt als der erste Präsident der RF. Der Namensvetter des Billigfusels war dem Alkohol nicht gerade abgeneigt und fiel immer wieder durch kleinere Eskapaden auf. Gibt man seinen Namen bei YouTube ein, so ist der erste Vorschlag ‚El'cin betrunken', der unendliche Mitschnitte und *Best-ofs* des betrunkenen Staatsoberhauptes liefert. Wenn er hierzulande den Menschen im Zusammenhang mit dem Alkohol ein Begriff ist, kennen ihn seine Landsleute als denjenigen, der ihnen noch mehr Chaos brachte und den Untergang des Sowjetreiches besiegelte. In den deutschen Medien hielt sich zu der damaligen Zeit ein zwiespältiges Bild über den ersten offiziellen Präsidenten der neu entstandenen RF.

Auf den Augustputsch reagierten die deutschen Zeitungen mit vielen Berichten. Eine Gruppe orthodoxer Kommunisten (genannt: *gosudarstvennyj komitet po čreszvyčajnomu položeniju*) erklärte einen Tag vor der Unionsvertragsunterzeichnung am 19.08.1991 einen Ausnahmezustand. Gorbačëv wurde in seiner

Dača festgehalten. Der Putschversuch scheiterte jedoch an mangelnder Unterstützung in Volk und Militär. El'cin führte dabei die Gegenposition an. Mögliche Gründe für den Putsch suchte man in Gorbačëvs Fehlpolitik oder seiner Krankheit. Durch den Staatsstreich wurde Gorbačëv zum traurigen Helden, seine Gegner wurden hingegen als konservativ und negativ beschrieben. Vermehrt sprach man von einer schlechten Planung Gorbačëvs und seinem Verharren in kommunistischen Prinzipien. Nach dem Putsch kam es zu einer Renaissance der negativen Fremdbilder wie der Aggressivität und auch zu Angstbekundungen in Bezug auf die deutsche Frage. El'cin hatte zu Beginn kein gutes Ansehen, doch als Gorbačëv endgültig als Verhandlungspartner der Deutschen verloren war, besah man sich auf El'cin. Durch seinen Einsatz gegen die Putschisten wurde er zum ‚starken Bären' stilisiert. Nun wurde das Verbot der KPdSU durch El'cin begrüßt. Die Aufmerksamkeit und der Sympathiewandel vollzogen sich zugunsten El'cins, ebenso wie die Personifizierung. (GAVRILOVA 2005, 121 ff.) Auch wenn der Rückhalt der Bevölkerung, den El'cin genoss, gesehen wurde, zeugte sein Ansehen im Westen von einer gewissen Komik: „Yeltsin drunk is better than most alternatives sober. [Clinton]" (FOGLESONG 2007, 210)

Zwei Jahre nach dem Ende der UdSSR gelangte die RF in ihre erste Verfassungskrise mit einem erneuten Putschversuch (03.–04.10.1993). Der von El'cin vorgeschlagene Verfassungsentwurf wurde vom Parlament nicht angenommen. El'cin beabsichtigte daraufhin das Parlament aufzulösen, was jedoch verfassungswidrig war. Der Volksdeputiertenkongress erließ demnach die Amtsenthebung El'cins. Es folgten Demonstrationen und Auseinandersetzungen, die in dem durch El'cin befohlenen Beschuss des Weißen Hauses vom Militär mündeten. Dieser Putsch wurde medial nicht so stark verfolgt wie der Augustputsch. Obwohl der Grund oft in El'cins falschem Vorgehen der letzten zwei Jahre gesehen wurde, wurde für ihn Partei ergriffen. Dem russischen Volk kam dabei eine entscheidende Rolle in der Berichterstattung zu. El'cin wurde nicht mehr mit dem Volk gleichgesetzt: Das Volk brauche nun eine harte Hand, da es keine demokratischen Strukturen aus der Geschichte gewohnt sei. Den Medien zufolge galt es nun, im Gegensatz zum Augustputsch, Demokratie zu sichern anstatt herzustellen. Nach dem Motto ‚der Zweck heiligt die Mittel' war dies eine Legitimation antidemokratischen Handelns. El'cin als Hoffnung auf Demokratie kam jedoch ins Wanken. Der Topos von Russland zwischen Demokratie und Autokratie bzw. Diktatur wurde immer stärker. Russland hatte den Wandel zum Pluralismus also doch noch nicht geschafft. (GAVRILOVA 2005, 132 ff.)

Ein weiteres wichtiges Thema in den deutschen Medien war die Duma-Wahl im Dezember 1993. Die Wahlen brachten widersprüchliche Ergebnisse und zeigten die russische Skepsis an der demokratischen Partei *Vybor Rossii* und ihrem Reformprogramm der letzten Jahre. Durch die neue Verfassung kamen dem Präsidenten große Machtbefugnisse zu. Großrussische Äußerungen Žirinovskijs von der nationalradikalen Partei, die Sowjetunion wiederherzustellen, bildeten für die westlichen Medien einen gelungenen Aufhänger. Für den Westen waren die schlechten Ergebnisse der demokratischen Partei das Resultat der mangelnden demokratischen Erfahrung des Landes. Zudem galt El'cins Politik als Gratwanderung ohne sicheren Boden, immer auf der Lauer vor Kommunismus und Nationalismus. Die Angst vor dem Osten wurde dadurch neu geschürt. Besonders BILD und WELT – anders als SZ und FR – standen dem Vorgehen in Russland skeptisch und vor allem negativ gegenüber. Das russische Volk, das den einfacheren Weg gehen wolle, war laut den Medien Schuld an solch einer Entwicklung. Nach dem Sieg der nationalistischen Partei äußerten sich die westlichen Medien besorgt um westliche Beziehungen. Die Zeitungen sahen eine eventuelle Rückkehr zum Alten. Sie schürten durch Bilder von Žirinovskij neue Ängste, dessen Popularität jedoch bald schon wieder sinken sollte. (ebd., 138 ff.)

Mitte der 1990er-Jahre war es vor allem der Erste Čečnja-Krieg (12.1994–08.1996), der die Berichterstattung über Russland prägte. Die Menschenrechtsverletzungen, bei denen besonders die Übergriffe auf die Zivilbevölkerung, die militärische Belagerung Groznyjs und die Gräueltaten in den Mittelpunkt rückten, zeichneten ein erneutes Bild der russischen Bedrohlichkeit. Die Undurchsichtigkeit der russischen Regierung galt als Überrest der Sowjetzeit. Gleichzeitig wurde El'cin jedoch auch als Zar dargestellt. Historische Analogien zum Zweiten Weltkrieg oder zum Afghanistankrieg fanden neuen Anklang. Die BILD sah im Afghanistan-Desaster den Zusammenbruch der UdSSR und nun den möglichen Beginn des Zusammenbruchs der erst kürzlich gegründeten RF. Der Konflikt wurde in der Presse jedoch unterschiedlich aufgenommen. Dabei standen sich bei der Abspaltung Čečnjas die Tendenzen von Separatismus und Integrität gegenüber. Anders als die SZ sah die FR unbegründete Ängste im möglichen Zusammenfall der RF. Die WELT hatte Verständnis für Russlands Vorgehen, doch sollte es nun dem Vorbild eines föderalen Bundes wie dem der BRD folgen. (GAVRILOVA 2005, 147 ff.) Das Vorgehen im Čečnja-Krieg wurde sogar von Clinton verteidigt, der diesen mit dem Amerikanischen Bürgerkrieg und El'cin mit Lincoln verglich (FOGLESONG 2007, 210). Alle waren sich jedoch einig, dass die Demokratie in der RF nach wie vor fraglich sei. Russland wurde klischeehaft durch einen bedrohlichen Bären symbolisiert. Das Massaker von Groznyj zeigte den ‚asiatischen Charakter' des Landes und ließ erneut Zweifel an der Zugehörigkeit Russlands zu Europa aufkommen. (GAVRILOVA 2005, 158) Die Medien ergriffen jedoch generell Partei für Čečnja und berichteten kaum über die gewalttätigen Angriffe auf die russische Bevölkerung (KRONE-SCHMALZ 2007, 99).

1996 fanden die zweiten Präsidentschaftswahlen statt. Die Wahlen galten nicht als frei oder fair, jedoch hielt sich die Auffassung, es gebe keine Alternative zu El'cin (KRUMM 2012, 119). Die erste Wahlrunde fand am 16. Juni statt. Aleksandr Lebed', ein ehemaliger Armee-General, der mit einem nicht vorhergesehenen Wahlerfolg von 14,52 % das drittbeste Ergebnis erzielte, wurde als El'cins Kronprinz oder Königsmacher betitelt, da er im zweiten Wahlgang dazu aufrief, für El'cin zu stimmen. Nur die FR sah in ihm einen positiven Kandidaten, der am Ende des Čečnja-Krieges interessiert sei. Die Kommunistische Partei um Zjuganov, der knapp hinter El'cin lag, galt als Nachfolger der KPdSU und wurde daher sofort abgewertet. Seine Bedeutung für die russische Bevölkerung wuchs jedoch und zeigte ein Dilemma: Entweder das eine (Zjuganov) oder das andere Übel (El'cin). El'cins Krankheit und ihre Folgen für die russische Demokratie sowie seine Führungsfähigkeiten wurden von den Zeitungen aufgegriffen. Die BILD stellte El'cin als alten und kranken Mann dar, wodurch sie auch seine erneute Kandidatur infrage stellte, trotz der anfänglichen Freude über den Sieg über die Kommunisten. Kritisiert wurde besonders die Geheimhaltung der Krankheit, was als Rückschritt in eine unübersichtliche Politik gedeutet wurde. Zu den Elementen der Darstellungen gehörten viele rhetorische Fragen, die ein Indiz für den Pessimismus waren und die Distanz des Westens zu Russland zeigten, das man einfach nicht verstehe, und demnach auch nicht die politischen Ereignisse. (GAVRILOVA 2005, 159 ff.)

Zwei Jahre später kam es in der RF zu einer Finanz- und Regierungskrise (1998). Die Krise vollzog sich in mehreren Phasen mit vielen Postenumstellungen und Personalwechseln. Die Zeitungen berichteten von einer Endzeitstimmung im Osten und schürten Ängste vor einem Übergreifen des Chaos. Dies verdeutlicht allerdings auch schon die Integration Russlands im westlichen Bewusstsein. Die Reformen waren gescheitert, und nun suchte man nach den Ursachen der Krise. El'cins Unfähigkeit aufgrund seines Alkoholproblems und die Unbeständigkeit seiner Politik wurden dafür beschuldigt, was sein Bild zunehmend negativ wirken ließ. Die Personalumstellungen durch El'cin riefen erneut die Besorgnis hervor, die RF könne in den Kommunismus oder in die Oligarchie fallen. Die westliche Kreditpolitik für Russland wurde in allen Medien negativ dargestellt, da man in Russland, das ein Fass ohne Boden sei, nicht investieren könne und solche Investitionen nur aus „falscher Dankbarkeit" heraus entstanden seien. Immer wieder wurde dabei die Gegenüberstellung von Autokratie und Demokratie deutlich. Die Kernaussage war, dass Russland immer noch keine Demokratie sei. Das negative Bild der Krise wurde durch die Medien noch weiter verstärkt. Immer noch präsent war das antikommunistische Feindbild: Der Bär zeigte sich diesmal jedoch abgemagert. (ebd., 168 ff.)

Die negativen Bewertungen überwogen 1999 in FAZ und SPIEGEL deutlich gegenüber positiven Entwicklungen und Alltagsmeldungen. Vor allem in der zweiten Jahreshälfte stieg die Anzahl der tendenziell aggressiven Berichte in Verbindung mit Dagestan und Čečnja. (CRUDOPF 2000, 34 f.) Positive Meldungen „waren in der Mehrzahl Berichte über konsequente Strafverfolgung und […] Wirtschaftsmeldungen, sowie über zwischenzeitliche Stabilisierungstendenzen des Rubel" (ebd., 40).

Was sich zudem in den Medien zeigte, war eine permanente Gleichsetzung der Bevölkerung der RF mit den ethnischen Russen. Dass abgesehen von Čečnja die nicht-ethnischen Russen kaum zur Kenntnis genommen wurden, war wohl u. a. der Tatsache geschuldet, dass schon zuvor die Bevölkerung der Sowjetunion mit den Russen gleichgesetzt wurde. Es ist zudem auch ein sprachliches Problem: Während man in Russland bewusst zwischen russisch (*russkij*) und 'russländisch' (*rossijskij*) differenziert – daher auch *Russländische* Föderation (*Rossijskaja Federacija*) –, bleibt dies im Deutschen oder in anderen westlichen Sprachen aus.

Gorbačëv vs. El'cin

In der Berichterstattung gehörte es – blickt man auf die mediale Beschreibung der beiden Politiker – fast schon zum guten Ton, die sowjetische bzw. russische Politik zu personalisieren. Demnach bietet sich auch eine Gegenüberstellung beider Politiker an, die zum einen stellvertretend für die Wahrnehmung des Systems stehen, zum anderen aber auch den ambivalenten Charakter der medialen Wertung zeigen. Größte mediale Aufmerksamkeit im Vergleich beider Amtszeiten erhielt das Jahr 1989, das mit dem Fall der Berliner Mauer einhergeht. Obwohl El'cin die Reformpolitik Gorbačëvs weiterführte und offiziell das Ende der UdSSR durch sein Unterzeichnen festigte, war es Gorbačëv, dem im Westen dieser (alleinige) 'Verdienst' zuteil wurde. Das Problem war nun, dass der Kommunismus als *böse* Ideologie nicht mehr direkt zur Erklärung von Differenzen herangezogen werden konnte. Vielmehr wurde nun auf den Charakter und die Besonderheiten der Russen geachtet, um dennoch Schuldzuweisungen geben zu können.

Im allgemeinen Kontrast zu Gorbačëv fiel besonders El'cins durch die Gesundheit (Alkoholismus) beeinträchtigte Wahrnehmung seines Amtes auf. Er wirkte ebenfalls launischer, unberechenbarer und machtgieriger. Als mutiger, reformbereiter und führungstauglicher galt hierzulande hingegen Gorbačëv. Zudem glaubten viele, dass er – man beachte seine politische Herkunft aus der KPdSU – demokratischer sei. (GAVRILOVA 2005, 58) Auch KRONE-SCHMALZ scheint, vielleicht auch unbewusst, eine Gegenüberstellung beider Oberhäupter zu machen: Wenngleich El'cin „lebendig und mit aussagekräftiger Mimik" ihren Interviewfragen Anfang 1990 begegnet sei, habe er „doch etwas Chauvinistisches" gehabt. Er machte den Eindruck eines entschlossenen und auch nachdenklichen Staatsmannes. (ebd. 1993, 100) Gorbačëv begrüßte sie hingegen „freundlich lachend. [...] Es lag an der Art des sowjetischen Staatschefs, daß [sic!] von Anfang an eine angenehme und sehr entspannte Atmosphäre herrschte." (ebd., 108) Ihr wurde „blitzartig klar, daß [sic!] es kaum möglich ist, sich der Ausstrahlung dieses Mannes zu entziehen – das ist im übrigen [sic!] durchaus keine Frage des Geschlechtes. Ein glaubwürdiger und sympathischer Politiker", der trotz der Situation „unverschämt gut aussah" (ebd.). So kann mit Sicherheit auch ein tatsächlich vorhandener Unterschied in beiden Charakteren der Gegenüberstellung zugespielt haben. 1989 erhielt El'cin in den Wahlen zum Volksdeputiertenkongress der UdSSR im Wahlbezirk Moskau 89 % der Stimmen. Mit 57 % wurde er später zum Präsidenten gewählt. Gorbačëv hingegen wurde lediglich vom Obersten Sowjet bestätigt und hatte nie den Rückhalt der Bevölkerung. Er galt als Realpolitiker, glaubwürdig, geschickt und überzeugend, jedoch auch oft als wankelmütig. Zu Beginn von El'cins Amtszeit betrachteten Gorbačëv noch viele im In- sowie im Ausland als langsamer und unentschlossener. El'cin galt als mutig, entschlossen und volksnah, was sich jedoch im Verlauf seiner Amtszeit änderte. (ebd., 123) Die schwankende Beurteilung El'cins zeigte sich auch daran, dass nach den 1990er-Jahren dem einstigen Hoffnungsträger die Rolle des betrunkenen Chaoten zugeschrieben wurde.

4.3 Putins Personalunion – Vladimir I.

Bislang ist wohl Putin derjenige russische Politiker, zu dessen Lasten die meisten Neologismen bezüglich seiner Politik gehen: *System Putin*, *Putinismus* oder *Putins Demokratur*, an deren Spitze der *Zar Putin* thront. Das deutsche Interesse an der RF hat jedoch nicht nachgelassen, obwohl in der heutigen Zeit in Deutschland für Putin kaum Sympathien anzutreffen sind. Im Vergleich zu anderen Ländern Europas ist Deutschland das Land, das Putin und der RF die meiste mediale Aufmerksamkeit widmet. Putin wurde im August 1999 von El'cin zum Ministerpräsidenten ernannt und von der Duma mehrheitlich bestätigt. Zum Ende des Jahres 1999 trat El'cin zurück, woraufhin Putin ihm in seinem Amt bis zu den Präsidentschaftswahlen folgte, die er im März 2000 mit 52,9 % für sich entscheiden konnte. El'cin und seiner Familie gewährte er lebenslange Immunität gegen strafrechtliche Verfolgungen. Seine unterstützende Partei *Edinaja Rossija*[21] ist nach wie vor die im Parlament am stärksten vertrete-

[21] *Edinaja Rossija* wird als Regierungspartei angesehen. Putin ist jedoch kein offizielles Mitglied, obwohl er als ihr Kandidat gilt. Durch eine Satzungsänderung war es ihm möglich,

ne Partei. Putin ließ gleich zu Beginn in die Kritik geratene Politiker entmachten und begann mit einer Umstrukturierung. Dazu setzte er auf Politiker und Staatsmänner aus seiner Vergangenheit, u. a. von KGB und Militär, die sogenannten *siloviki*.

Sein politisches Auftreten als Präsident wurde in Deutschland anfangs sehr misstrauisch gesehen. Begrüßt wurde zunächst seine Autorität, die sich gegen die Oligarchen, Mafiosi und anarchischen Gesetze aus der El'cin-Ära stellen sollte. Diese autoritäre Stärke ermöglichte ihm zum einen die Abkehr von El'cins Politik, was in den Medien zwar positiv gewertet, jedoch aufgrund der innenpolitischen Bestrebungen zum anderen auch kritisch gesehen wurde. Im Folgenden kam es zur Ausweitung seiner sogenannten Machtvertikale, wobei die föderativen Subjekte seit 1993 wieder zentralisiert wurden, was in den Medien als Einschränkung galt. (ZYKOVA 2014, 123 f.) Putins autoritärer Weg der Wiederherstellung staatlicher Macht, deren Konzept in Deutschland seit der faschistischen Ära auf Ablehnung stößt, prangerten besonders die linksorientierten und liberalen Gesellschaftsschichten an (CASPAR; GALPERIN 2005, 13).

Ein medial aufsehenerregendes Ereignis nur fünf Monate nach seinem offiziellen Amtsantritt war das Unglück der Kursk. Am 12.08.2000 sank das Atom-U-Boot K-141 in der Barentssee. Entgegen ersten Behauptungen seitens der RF, es habe sich um einen beabsichtigten Angriff gehandelt, war die Ursache die Aneinanderreihung unglücklicher Ereignisse aufgrund technischer Defekte. Die Rettung der vermutlich lebenden Besatzungsmitglieder kam nur schleppend voran, da das Land nicht über die nötige Ausrüstung verfügte. Nach drei Tagen konnte durch norwegische Hilfe die Luke geöffnet, die Besatzung jedoch nur noch tot geborgen werden. Dass Putin nicht sofort seinen Urlaub beendete, um an die Unglückstelle zu gelangen, wurde als ‚sowjetisches' Verhalten gewertet. (ZYKOVA 2014, 125) Die Medien assoziierten mit dem Untergang der Kursk gleichzeitig den Untergang des Mythos einer militärischen Supermacht und den Niedergang der UdSSR. Dabei wurden die Rückständigkeit des russischen Militärs und deren mögliche Folgen für die Welt betont. Zudem sei die russische Bevölkerung wie auch das Ausland nicht ausreichend informiert worden, wobei

---

ohne Mitgliedschaft den Vorsitz zu übernehmen und zum Regierungschef gewählt zu werden. (KOLESNIKOV; SEMENOV 2013, 146 f.)

die Angstbekundung vor Radioaktivität nicht ausblieb. Putin führe so einen „Krieg gegen das Volk" (SPIEGEL 35/2000), den er nicht gewinnen könne. Auch die FAZ sah in dem Unglück den Untergang der militärstrategischen Hoffnungen wie auch die Angst vor einem erneuten Černobyl'. In der WELT solidarisierte man sich stärker mit den an Bord befindenden Matrosen und später mit den Angehörigen und dem russischen Volk.[22]

Für Putins Amtszeit ist der Zweite Čečnja-Krieg (10.1999–04.2009) von entscheidender Bedeutung. Zwar begann er bereits unter El'cin, doch hatte Putin als Ministerpräsident die militärische Intervention geführt. Als Leiter wurde sein Vorgehen im eigenen Land begrüßt. Die vorausgegangenen Anschlagsserien 1999 und die Ereignisse in Dagestan erhielten in Deutschland kaum mediale Aufmerksamkeit. Dies änderte sich nach dem 11. September 2001 mit den Terroranschlägen in den USA. Russland sagte den USA seine Unterstützung im *War on Terror* zu und ließ amerikanische Truppen die Militärbasen in den ehemaligen zentralasiatischen Sowjetrepubliken nutzen. Die USA brauchte die RF, die durch die innerstaatlichen Konflikte und die langjährige kulturelle und sprachliche Bindung erfahrener war, um die islamistischen Streitkräfte und den Terrorismus zu bekämpfen. Dazu konnte Russland seine Beziehungen in Asien, besonders zu China und Indien, weiter ausbauen und hatte gegenüber den USA (u. a. aufgrund der US-amerikanischen Invasion in den Irak) eine bessere Stellung im Nahen und Mittleren Osten. (LONGWORTH 2005, 317) 9/11 änderte aber nicht nur die internationalen Beziehungen, sondern auch die Haltung zu nationalistischen Bestrebungen und ebnete den Weg für legitimierte Anti-Terror-Bekämpfungen. So begegneten die Medien dem Durchgreifen Russlands im Zweiten Čečnja-Krieg zu Beginn mit keinerlei großem Protest, da dies eben auch als Anti-Terror-Bekämpfung eingestuft wurde. Im Ersten Čečnja-Krieg standen noch die Unabhängigkeit Čečnjas und die Menschenrechtsverletzungen der Russen an anderen Ethnien bei der deutschen Berichterstattung im Mittelpunkt, während sich nun das Blatt drehte: Fokussiert wurde der Wunsch Čečnjas

[22] Für den Zeitraum von Putins bis Medvedevs Amtszeit wurden die einzelnen Ereignisse weniger spezifisch analysiert, als es bei GAVRILOVA (für die Zeit unter Gorbačëv und El'cin) der Fall war. Aus diesem Grund werden einige Beispiele aus den verschiedenen Zeitungen angeführt, die im Literaturverzeichnis gesondert ausgewiesen werden.

nach einem islamischen Staat, was seit dem 11. September 2001 auf internationale Missgunst stößt. (KRONE-SCHMALZ 2007, 90 f.)

Im Zuge der weltweiten Solidarität nach 9/11 und der Allianz gegen den Terror wurde Putins Rede am 25. September 2001 im Deutschen Bundestag, in der er den Kalten Krieg für beendet erklärte, begrüßt. Seine Rede wurde nicht zuletzt auch aufgrund der Sprache – er hielt sie „in makellosem Deutsch“ (SPIEGEL 41/2001) – positiv bewertet. Die Medien verschwiegen seine KGB-Vergangenheit jedoch nicht. Auch die FAZ empfing die Ansichten und Bestrebungen Putins mit Wohlwollen. In der WELT kam vermehrt Putins Kritik am Verharren der USA im Kalten Krieg zum Ausdruck.

Die einst durch Machtzentralisierung und Einschränkungen der Rechte von vielen Journalisten als rückwärtsgewandt empfundene Politik Putins, kehrte sich in eine leichte Solidarität um, die sich nicht zuletzt auch an der Anteilnahme an der Besetzung des Moskauer Theaters 2002 zeigte. Die Kritik am russischen Vorgehen, der Stürmung des Theaters und deren Ausgang, blieb jedoch nicht unerwähnt. (FOGLESONG 2007, 220 f.) Die Medien reagierten auf die Ereignisse im Dubrovka-Theater im Vergleich verhaltener und mit weniger Artikeln. Im SPIEGEL wurde Kritik am andauernden Čečnja-Krieg deutlich, der die Grausamkeit und Brutalität der Sowjets bei der Besetzung deutscher Ostgebiete und Ostdeutschlands in Verbindung mit der Geiselnahme in Moskau brachte. (DEGTJAROVA 2007, 142) SZ und FAZ betonten immer wieder den ‚Schrecken von Dubrovka‘ – ebenso der FOCUS, der mit Putins Handhabung des Geschehens in die Kritik ging und von „Putins Vendetta“ (FOCUS 45/2002) sprach. Die WELT setzte auf die Schilderung von Einzelschicksalen wie auch klischeehafte Beschreibungen von Korruption und Gewalt, die ebenfalls Schuld am Geiseldrama hätten. Die mediale Wertung war demnach schnell wandelbar, wie auch im folgenden Verlauf deutlich wurde.

Das Referendum Čečnjas am 23.03.2003 über den Verbleib in der RF wurde von 95 % bejaht, von den Medien jedoch nicht wirklich als legitim gewertet. Einheitlich kritisierten die Medien auch die Geiselnahme von Beslan am 01.09.2004. Terroristen aus dem Kaukasus besetzten eine Schule mit 1100 Menschen. Drei Tage später stürmte das russische Militär das Gebäude, wodurch 331 Menschen starben. Der SPIEGEL gestand Beslan den Status von

„Putins Ground Zero“ zu, beklagte jedoch die mangelhafte Vorgehensweise der Regierung während und nach der Geiselnahme. (SPIEGEL 53/2004) Es kam zu großen Beileidsbekundungen. Gerade in BILD und WELT überwog eine emotionale Komponente.

Für Putins Amtszeit waren ebenfalls die von ihm vorgenommene Entmachtung der Oligarchen und das Vorgehen gegen die Medienmonopole und Konzerne wie von Gusinskij, Beresovskij und Chodorkovskij von Bedeutung. Die wenigen Oligarchen kontrollierten Russlands größte Industrien sowie das Bank- und Nachrichtenwesen. Nach einer Aussprache Putins mit den Oligarchen über die Nicht-Einmischung von Wirtschaft und Politik flüchteten viele ins Ausland. Lediglich Chodorkovskij stellte sich Putin und wurde am 27.10.2003 wegen Steuerhinterziehung und Steuerbetrug verhaftet. (LONGWORTH 2005, 315 f.) In diesem Zusammenhang fokussierten die Medien zunehmend den Mangel an Rechtsstaatlichkeit (ZYKOVA 2014, 133 f.).

Mit der Entlassung des Ministerpräsidenten Kas'janov 2004 vollzog Putin den ‚letzten Bruch‘ mit El'cins korruptem Regime, das Kas‘janov als (stellvertretender) Finanzminister begleitet hatte (LONGWORTH 2005, 316). Dieser Bruch wurde jedoch nicht unbedingt positiv gesehen. So sah man darin eher eine Taktik Putins vor den Wahlen, der „Kurs auf eine verschärfte Alleinherrschaft“ (SPIEGEL 10/2004) nehmen wollte. Im Vorfeld der Wahlen verglich die WELT Putin mit Stalin. Die Ereignisse im Zuge der Wahlen galten als Wende zu KGB, Armut und Korruption. Bei der Präsidentschaftswahl 2004 wurde Putin jedoch mit 71 % wiedergewählt.

In den ersten beiden Jahren von Putins Amtszeit war das Medienbild leicht positiv und hoffnungsvoll, was jedoch rasch umschlug.[23] Ein Grund dafür war

---

[23] Die Analyse beschränkt sich vor allem auf die Printmedien. DEGTJAROVA analysierte das Russlandbild im Fernsehen von 2001 bis 2002 unter besonderer Berücksichtigung von ARD, ZDF, NDR und RTL und kam zu ähnlichen Ergebnissen wie die Analysen der Printmedien.
Die öffentlich-rechtlichen Sender zeigten mehr nicht-fiktionale Russlandbeiträge als RTL. Bei den verschiedenen Formaten traten dabei vor allem die Nachrichten hervor. (ebd. 2007, 152 f.) In den öffentlich-rechtlichen Nachrichtensendungen war die Russlandberichterstattung im Untersuchungszeitraum mit 62 % vertreten, im Gegensatz zu 38 % bei den privatrechtlichen Sendern. Für die Darstellung bei RTL war vor allem der Aktualitätsbezug bedeutend, ohne umfangreichere Auseinandersetzung. Die Berichterstattung unterlag vielen Schwankungen, was aus den konjunkturellen Beziehungen der beiden Länder resultierte. Deutlich

die Enttäuschung über eine gescheiterte Demokratisierung des Landes seit den Dumawahlen 2003. Dazu gesellte sich in Deutschland der „Schock im konservativen Lager […], dass Russland [von der Bundesregierung] vor und während des Irakkrieges gegenüber Amerika als Partner bevorzugt wurde“ (CASPAR; GALPERIN 2005, 13). Sowohl Deutschland als auch Russland sprachen sich gegen einen Einsatz im Irakkrieg 2003 aus. In diesem Jahr sank die Zahl der Berichte in STERN und SPIEGEL im Vergleich zu 1989 um 50 % (DANILIOUK 2006, 215). Themen und Gewichtung waren weniger auffällig. In der Kategorie ‚Politik und Zeitgeschichte‘ bestimmten die bevorstehenden Parlamentswahlen 2004, Oligarchen und die bilateralen Beziehungen die Berichterstattung, während bei der Wirtschaft die hohen Ölpreise überwogen. Auch die Meinungsfreiheit und Menschenrechte spielten 2003 eine bedeutende Rolle. Metaphern standen im Zusammenhang mit Imperium und KGB wie auch mit Putins Charakter. Charakteristisch war zudem die zunehmende Beschreibung der Kriminalität in nahezu allen Bereichen. Positiv gewertet wurden die Bereiche von Kunst und – wenn auch mit Zurückhaltung – Wirtschaft, wobei Russlands zweifelhafte Zugehörigkeit zu Europa auch in Bezug auf neue wirtschaftliche Bestrebungen misstrauisch begutachtet wurde. (ebd., 254 ff.) Konstant blieb die kontrastive Gegenüberstellung von Volk und Herrscher, wobei das Volk in die westliche (positive) Kategorie fiel, sowie die Personifizierung der RF, wobei „der Name des Präsidenten [Putin] als Possessivattribut für die Bezeichnung des Landes und seiner politischen Realien eingesetzt“ (ebd., 256) wurde.

---

wurden auch hier die Personifizierungen, die sich besonders auf Putin, weniger auf die Minister bezogen. RTL fokussierte Putin in gleicher Häufigkeit wie Privatpersonen, was an der Philosophie des Senders liegen könnte, nicht der Linie der öffentlich-rechtlichen Sender in der Berichterstattung zu folgen. (ebd., 159 ff.) Negativismus ist ein grundlegender Faktor in der Berichterstattung. Demnach erschienen „die einzelnen Privatpersonen in den RTL-Russlandbeiträgen […] nur in einem negativen Kontext mit Unglücken, Katastrophen und Verbrechen“ (ebd., 170). Die Darstellung des Militärs war gleichermaßen präsent. Auch nicht-offizielle Personen waren Fokus der Magazine im Gegensatz zu den Nachrichtensendungen, wie Künstler, Wissenschaftler, Vertreter von Kirche, Militär oder Bildungseinrichtungen. Es wurde zudem deutlich, dass sich auch die Medien auf gewisse Regionen (die dem Klischee entsprechen) bezogen, die sich nicht aus dem politischen Anliegen ergründen ließen. Obwohl ein größeres Bild durch andere Themenbereiche geboten wurde, zeigte sich hier ebenfalls eine implizite Stereotypisierung. (ebd., 170 ff.)

Bedeutend wichtiger in der deutschen Berichterstattung war die Gaskrise 2005 zwischen der Ukraine und Russland. Im März 2005 wollte Russland die Gaspreise für die Ukraine auf das Preisniveau des Westens anheben. Die Medien werteten dies als Reaktion auf die ukrainische Anlehnung an die EU. Da die deutsche Energieversorgung zu großen Teilen durch die Ukraine ging, hatte man Angst vor den Auswirkungen. Die Verhandlungen um eine Ostsee-Pipeline wurden mit dem Bedürfnis nach weniger Abhängigkeit von Russland gespickt, da man sich nicht auf Russland verlassen könne. Immer deutlicher wurde die Angst vor einer starken russischen Großmacht durch Rohstoffabhängigkeit des Westens. Bei der FAZ war der Ton schärfer: *Abhängigkeit*, *Gasmann*, *Imperator* und *Gaskrieg* waren die Schlagwörter. Putin ließ zunächst die Vorstellungen vom armen und unberechenbaren Russland schwinden. Nach der Festigung und dem Aufschwung der Wirtschaft wandelte sich das Bild: Nun hatte man Angst vor der Abhängigkeit vom russischen Öl und Gas. Deutlich wurde, dass die imperialistischen Bestrebungen nun besonders in Bezug auf die Energiepolitik gesehen wurden. (ZYKOVA 2014, 154)

Während Putins zweiter Amtszeit gerieten Pressefreiheit und Rechtsstaatlichkeit zunehmend in den Mittelpunkt. 2006 erhielt die Ermordung der kritischen Journalistin Politkovskaja (Autorin von *Putin's Russia* 2004) große mediale Aufmerksamkeit, was u. a. auch an der Empathie deutscher Journalisten für eine Kollegin gelegen haben könnte. Durch die Vergiftung des Journalisten und ehemaligen Geheimdienstlers Litvinenko geriet die Pressefreiheit in den Zusammenhang mit dem russischen Geheimdienst, wobei seine KGB-Vergangenheit die mediale Anteilnahme begrenzte (ZYKOVA 2014, 143 f.). Die ZEIT druckte damals den offenen Brief der russischen Journalistin Tregubova über die Ermordung Politkovkajas ab. Damit wurde das Thema der russischen Pressefreiheit vermehrt in den Fokus der Medien gerückt.[24] Die Anteilnahme und scharfe Kritik am Mangel an Pressefreiheit und Menschenrechtsverletzungen in Russland waren in den einzelnen Medientiteln nahezu gleich.

---

[24] TREGUBOWA, Elena (2006): „Schweigen heißt Mittäterschaft". Ein offener Brief der russischen Journalistin Elena Tregubowa an Kanzlerin Merkel zum Mord an ihrer Moskauer Kollegin Anna Politkowskaja. In: Die Zeit, 12.10.2006. http://www.zeit.de/2006/42 /Offener_Brief [Stand 19.06.2015].

Das sich zunehmend verschlechternde deutsche Medienbild über Russland zeigte sich auch in den Reaktionen auf Putins Rede auf der Münchner Sicherheitskonferenz 2007. Hierin legte er seine Forderungen nach einer größeren Teilnahme am internationalen Geschehen und seine Kritik an der NATO dar. Ende desselben Jahres setzte Russland den KSE-Vertrag (Vertrag über Konventionelle Streitkräfte in Europa) aus. Die Medien hoben daraufhin das russische Aggressionspotenzial hervor. (ZYKOVA 2014, 150 f.) Neben Angst und Unverständnis zeigten die Medien gängige Vergleiche zur UdSSR. Während SZ und FAZ deutlich mildere Töne anschlugen – wenngleich die Rede von einer Konfrontation mit der NATO war – und später von einer möglichen Rückkehr Russlands in den Vertrag sprachen, waren BILD und WELT deutlich kritischer und weitaus weniger sachlich. Putin galt als nicht einschätzbar. Die russische Sonderweg-Thematik war dabei von entscheidender Bedeutung. „Die Diskussion hierüber wurde in Deutschland mittlerweile zu einer der Kernfragen der russlandbezogenen Mediendiskussion.“ (TIMMERMANN 2007, 121) Im späteren Verlauf revidierten einige Journalisten und Politiker teilweise ihre negative und übertriebene Antwort auf Putins Rede (KRUMM 2012, 121 f.).

***

Im Vergleich zu SPIEGEL, STERN und FOCUS berichtete die WELT zwischen 2000 und 2008 am häufigsten über Russland. Dabei wurden die Jahre 2002 und 2004 besonders beachtet, wobei man seit 2007 in allen Zeitungen einen tendenziellen Anstieg an Artikeln über Russland erkennen konnte. Während das Interesse der WELT zunahm, nahm das vom SPIEGEL von 2000 auf 2005 eher ab. Im STERN stieg die Anzahl der Artikel erst ab 2007 rasant an, während das FOCUS-Magazin kaum Artikel lieferte, ähnlich wie der SPIEGEL, dessen mediale Aufmerksamkeit 2006 jedoch quantitativ anstieg. (MAKULKINA 2013, 91) In einer Studie wurden die Editorials von FAZ und SZ zwischen 2001 und 2008 analysiert. Das Ergebnis war, dass Russland häufig in den Editorials thematisiert wurde. (AHRENS; WEISS 2012, 157) Im Vergleich waren 85 % dieser Editorials mit Russlandbezug negativ, nur 15 % wirkten positiv (ebd., 166). Deutlich wurde, dass während Putins Amtszeiten die Russlandberichterstattung bei WELT, SPIEGEL, FOCUS und STERN vor allem innenpolitische

Themen betraf (43 %). Außenpolitik und Wirtschaft erreichten 21 % und 19 %. (MAKULKINA 2013, 92) In den Editorials von FAZ und SZ überwog Russlands Rolle in der globalen Politik, wobei die Ereignisse zwischen 2002 und 2004 den Fokus ebenso auf die Innenpolitik richteten. Der Inhalt bezog sich aber mehr auf den Westen generell als auf Deutschland speziell. (AHRENS; WEISS 2012, 161)

Während der beiden ersten Amtsperioden stellte sich immer wieder das russische Feindbild von Gefahr, Bedrohung, Unberechenbarkeit und Aggressivität heraus. Dies zeigte, dass die RF nach wie vor, trotz Ende der Sowjetunion, als rückständiges, undemokratisches und bedrohliches Land angesehen wurde. Die Medien stützten (bzw. erschufen) ein negatives Fremdbild und hielten die Distanz aufrecht. (MAKULKINA 2013, 209) Während Putins zweiter Amtszeit stiegen die Kriegsmetaphern im Bereich Wirtschaft und Gesellschaft. Grund dafür waren die ansteigenden Preise der Rohstoffe und das russische Wirtschaftswachstum auch auf dem deutschen Markt. Folglich wurden „die russischen Investitionen in die deutsche Wirtschaft […] als ‚Invasion' empfunden, vor der die deutsche Wirtschaft geschützt werden soll" (ebd., 203). Überdies überwogen Herrschaftsmetaphern und Vergleiche zur Sowjetunion (ebd., 199). Während der beiden Legislaturperioden war eine Fokussierung auf das Staatsoberhaupt Putin zu beobachten, die sich lediglich in der Deutung unterschied. Zu Beginn noch „als unselbstständiger Politiker dargestellt […] (z. B. durch den metaphorischen Vergleich mit einem *Statisten* oder einer *geheimnisvollen Figur*), übernimmt er später die *Hauptrolle* in der russischen Politik und *hält alle Fäden in der Hand*" (ebd., 204 [Herv. i. O.]). Diese Darstellung gipfelte später in „Metaphern wie *Marionettenspieler*, *Herrscher* und *Monarch*" (ebd. [Herv. i. O.]). Solche Herrschaftsmetaphern spiegelten sich auch in der Gegenüberstellung von USA und RF bei den Wahlen 2008 wider (VJAČESLAVOVNA 2012, 126 f.). Die Präsidentschaftswahlen wurden als Theater, Kampf und Tierwelt dargestellt, wobei die Darstellung Russlands – außer in Sport- und Spielmetaphern – in diesen Kategorien deutlich überwog (ebd., 41 ff.). Durch die zoomorphen Metaphern wird ein gewisses Grad an Menschlichkeit aberkannt, was zu den Kriterien des Feindbilds zählt und weitere Metaphern in dieser Richtung nach sich ziehen kann.

Die Stabilität wurde in der Wirtschaft zwar begrüßt, in der Politik jedoch als negative Tendenz betrachtet, was sich zunehmend verstärkte. Russland wurde zwar vermehrt als international wichtiger Akteur, wenn nicht sogar als Weltmacht angesehen, jedoch mit deutlich negativer Wertung und zunehmender Fokussierung auf innere Angelegenheiten. Für Putins positiveres Image zu Beginn seiner Amtszeit wurde fast ausnahmslos seine Unterstützung nach 9/11 bewertet, während Kritik zu dieser Zeit ebenfalls nicht ausblieb. Nach zwei aufeinanderfolgenden Legislaturperioden konnte Putin nach dem Verfassungsrecht nicht mehr wiedergewählt werden und wurde durch Medvedev abgelöst. Die Präsidentschaftswahlen 2008 galten als undemokratisch. Verstärkt wurde dieser Eindruck durch den Vorschlag Medvedevs, Putin zum Ministerpräsidenten zu wählen, was schließlich auch mit 87,1 % geschah.

Putin im Kontrast zu seinen Vorgängern

Nach der Euphorie Gorbačëvs kam es zu einer Art „hangover" (AHRENS; WEISS 2012, 153) in der deutschen Russlandberichterstattung. In den letzten Jahren der 1990er-Jahre normalisierte sich die Haltung, wobei eine Rückkehr zu alten Mustern zu erkennen war. Die ambivalente Darstellung und die stereotypen Elemente waren grundlegend für das russische Medienimage. Enttäuschung, Angst und Hoffnung wechselten sich ab. Unter Putin wichen die alten Bilder von Armut, Kriminalität und Chaos der neuen Stärke Russlands. (ebd., 154 ff.) El'cins Politik war sehr wechselhaft, wohingegen die Politik Putins – ungeachtet des Inhalts – beständiger, dynamischer und in ihrer Formulierung strategisch klarer war (BRANDT 2012, 9).

Im deutschen Russlanddiskurs wird eine starke Fokussierung des Staatsoberhauptes deutlich: Gorbačëv stand für die Demokratie. Unter El'cin kam es zu einem Wandel der Demokratie. Putin hingegen steht für ein Ende der Demokratie – eine gelenkte Demokratie, für Gaullismus, Putinismus und Bonapartismus. Und das sei vermutlich das „tradierte Russlandbild" (GAVRILOVA 2005, 244). Während Gorbačëv im Schnitt deutlich positiver bewertet wurde, El'cin nach konjunkturellen Schwankungen nicht neutral, aber als das bessere Übel galt, drückten die Medien eine deutlichere Ablehnung gegenüber Putin aus.

4.4 Medwer?

Medvedev war der dritte Präsident der RF, dennoch nimmt er in dieser Reihe einen eher untergeordneten Platz ein. Glaubte man anfangs noch hoffend an eine mögliche Demokratisierung nach westlichem Vorbild, hielt sich schon bald die Auffassung, Medvedev sei in dem Tandem mit Putin verankert und nur dessen Marionette. Fragt man hierzulande nach Putins Nachfolger, heißt es oft nur: Da war doch wer…

Vor den Wahlen kursierten Gerüchte über Putins Nachfolger. Die Ernennung Zubkovs zum Ministerpräsidenten anstelle von Medvedev, dem „Wirtschaftsliberalen ohne KGB-Hintergrund" (SPIEGEL 38/2007), wurde als Taktik gewertet. Als Medvedev jedoch seine Kandidatur für das Präsidentschaftsamt offiziell bekannt gab, galt er sofort als Sieger. Diese ambivalente Deutung wird auch durch die wechselnde Haltung und Metaphorik deutlich: Zu Beginn noch der ‚arme' Liberale, kehrte sich das Bild schnell in eine Marionette. Ein bisschen Selbstbehauptung sprach man ihm dennoch zu, was mit der Hoffnung auf Modernisierung einherging. Medvedev galt als westlich orientiert, und die Medien waren bei seiner Wahl zuversichtlich. Deutlich positiv trat dabei die nicht vorhandene KGB-Vergangenheit hervor. Medvedev wurde zudem im Vergleich zu anderen Präsidentschaftskandidaten als vielversprechend stilisiert. (ZYKOVA 2014, 193 f.) Er stand für eine erneute Modernisierung Russlands in den Bereichen der Technik, der Wirtschaft, aber auch des politischen Systems, was als „Medvedev-Faktor" (KRUMM 2010, 3) gekennzeichnet wurde und – wie auch schon bei seinen Vorgängern – stark an die politische Person gebunden war.

Schon vor der Wahl war von einem Tandem zwischen Putin und Medvedev wie auch vom Zögling Medvedev und vom „Traum des Zarewitsch" die Rede (SPIEGEL 9/2008). Medvedevs Frau wurde nach der Wahl zu Putins Frau kontrastiert und mit Raisa Gorbačëva verglichen, ebenso wie das Aussehen von Medvedev mit Putins, und die Frage nach seinem Sex-Appeal gestellt. Noch nach der Wahl wurde die Berichterstattung von Putin bestimmt, der – obwohl Ministerpräsident – noch befahl und dem Medvedev nur folgte. Kritisch wurde die Wahl auch von der FAZ gesehen, wobei die Hoffnung auf Medvedev deutlich zu spüren war und weniger von einem Tandem gesprochen wurde. Die

BILD lobte, dass Medvedev Steinmeier als ersten Staatsgast einlud, jedoch fokussierten sich die Berichte auf Putins nach wie vor bestehende Macht und die Kontrastierung zu Medvedev. Auch Medvedevs Verbindung zu Gazprom als Aufsichtsratschef wurde deutlich kritisiert. Schnell unterstellte man ihm eine liberale Fassade. „Diese anfängliche Unterstützung Medvedevs [von Putin] wurde zum Leitmotiv der medialen Beurteilung seiner Person und seiner politischen Rolle in Russland.“ (ZYKOVA 2014, 195) Seine Emanzipation sollte er u. a. im Chodorkovskij-Fall unter Beweis stellen, wie auch bei der Entlassung Jurij Lužkovs 2010 (ebd., 195 ff.).

Medvedevs Medienimage prägten die Konflikte in Georgien im August 2008, wobei die Medien mehrheitlich die georgische Sichtweise unterstützten (ZYKOVA 2014, 163 ff.). Die BILD betitelte den Kaukasuskrieg 2008 als eine „Tragödie“ und zeigte Putin, der froh klatschend auf der Ehrentribüne bei den Olympischen Spielen in Peking saß, obwohl er gar nicht mehr Präsident war. Besonders auffällig bei BILD waren die emotionale Komponente und die Schilderung von Einzelschicksalen. Russlands Kritik gegenüber dem Westen und die sich verschlechternden Beziehungen zur NATO wurden als trotzige Antwort auf die westliche Haltung zum Kaukasus-Konflikt gewertet. Sofort kam es zu Rückgriffen auf den Kalten Krieg. Zudem griff BILD auf bekannte Personen wie auf den deutschen Trainer der georgischen Fußballnationalmannschaft Toppmöller zurück, der in großer Sorge um seine Spieler war. Die Thematik von einer Tragödie und einer möglichen Rückkehr zum Kalten Krieg wurde auch von SPIEGEL und FAZ aufgenommen. Die SZ wirkte darin etwas zurückhaltender.

Die Verlängerung der Amtszeit von vier auf sechs Jahre wurde von den Medien als Putins Machtherstellung gewertet. Es kam zu Vergleichen mit Stalin und zur Solidarität mit den Journalisten im nicht pressefreien Russland. Auffällig kritisch wurde Kadyrov, der als Kremltreu geltende Präsident Čečnjas, gesehen. Der Kaukasus wirkte brutaler durch seine ‚russische‘ Herrschaft. Das START-Abkommen desselben Jahres wurde fast durchgängig begrüßt. Im Gegensatz zu Medvedev inszenierte sich Putin bei den Bränden 2010 als Handelnder. Seine Bitten an Medvedev glichen aber eher Befehlen (ENGELFRIED 2012, 63). Das wurde erneut von den Medien in die Marionetten-Thematik überführt. Medvedev wurde zum *Schüler*, *Zögling*, *Sohn*, *Zarevič* des *Mentors*,

Vaters und *Zaren* Putin. Die häufige Verwendung von „unter Putin“ sollte die despotischen Verhältnisse verdeutlichen. (MAKULKINA 2013, 201)

Während der Libyen-Krise (2011) hingegen wurden Russlands offizielle Haltung und das Vorgehen wie auch die Kooperation mit der NATO als Sieg Medvedevs über das Lager Putins im Kreml gesehen. Putins Kritik am westlichen Verhalten war weniger medial interessant als Medvedevs Antwort darauf. Misstrauische Kommentare blieben jedoch nicht aus, sodass diese Auseinandersetzung auch als mögliche Taktik gesehen wurde. (ZYKOVA 2014, 203 ff.)

Zum Ende von Medvedevs Amtszeit äußerten sich die Medien sichtlich enttäuscht über seine gescheiterte Emanzipation (ebd., 205 ff.), was sich auch durch den Ämtertausch des Tandems bekräftigte. Diese „Rochade im Führungstandem [galt als] Beleidigung und Demütigung des russischen Volkes. Zum zweiten gedemütigten Subjekt wurde nun auch Medvedev erklärt, wobei die Medvedev in seiner Opferrolle gewidmeten Bezeichnungen teilweise mit denen der russischen Bürger übereinstimmten.“ (ebd., 207) Einige Kritiker sahen Medvedevs Amtszeit als besondere Strategie Putins, um die westlichen Verhandlungspartner an einen Tisch zu bekommen, die den Juristen gegenüber einem Ex-KGB-Mitglied bevorzugten (RAHR 2012, 182). Putins Einfluss und seine Ankündigung zum erneuten Wahlantritt, Verdachtsfälle der Wahlmanipulation und Demonstrationen ließen Medvedev in den Medien zunehmend als unselbstständig erscheinen. Die Präsidentschaftswahlen 2012 standen unter keinem guten Vorzeichen. Die SZ beklagte Wahlbetrug und unfaire Mittel, ebenso wie WELT und BILD, die auf Putins Charakter und seine Herkunft hinwiesen. SPIEGEL veröffentlichte eine Extraserie über russische Zaren, in deren Reihe auch Putin gestellt wurde (SPIEGEL GESCHICHTE 1/2012). Die Verbindung zu Putin und der gegenseitige Vorschlag bei der erneuten Wahl 2012, die Putin für sich entscheiden konnte, verschaffte Medvedev daher letzten Endes auch das negative Image. (ZYKOVA 2014, 196 ff.)

***

Neben den gefestigten Bildern aus dem Zweiten Weltkrieg von Misstrauen, Angst und Bedrohung waren für Medvedevs Amtszeit die „Ad-hoc-Metaphern“ entscheidend, wie das Tandem oder die Rochade, die dem medialen Russlandbild eine dynamische Komponente verleihen (MAKULKINA 2013, 203). Konstant blieb die Personifizierung und Abgrenzung zu seinen Vorgängern. Der Medvedev-Faktor war eine „nicht zu unterschätzende Größe für Russlands Image im Westen. Die außenpolitische Bilanz seines Vorgängers fiel verheerend aus […].“ (KRUMM 2010, 11) Wie die mediale Beurteilung seit Gorbačëv zeigte, wurde zu Amtsantritt der Präsidenten eine leichte Hoffnung auf Abkehr zum vorherigen Kurs deutlich. Wie beim Gorbačëv-Faktor war der analoge Medvedev-Faktor „eine Personifizierung der Reformen und der damit verbundenen Hoffnungen“ (ebd., 3). Ebenso wie schon bei Gorbačëv wird deutlich, dass die Meinungen im In- und Ausland deutlich divergieren können. In der deutschen Berichterstattung über Medvedev war die Darstellung der russischen Bevölkerung von Relevanz, jedoch mit wechselnden Vorzeichen: In Bezug auf die westliche Modernisierung bremste – wie bei Gorbačëv auch – die Bevölkerung die Reformen. Als sich das Verständnis des Tandems oder der Marionette durchsetzte, rangierte sie mit Medvedev auf einer Stufe unter dem ‚despotischen‘ Putin.

Nach einer deutlich positiven medialen Resonanz zum Amtsantritt Medvedevs machte sich in den Medien die Ernüchterung breit, dass er „wohl doch nur ein Mann des Systems“ (KRUMM 2010, 15) sei, was ein amerikanischer Russlandexperte und Berater von Reagan bereits über Gorbačëv gesagt hatte (ebd.) – ein Vergleich, der zeigt, wie kurz die positiven Perioden in der deutschen Berichterstattung sind und dass sich die russischen Politiker nur schwer von den (medialen) Mustern lösen können. Der Eingang des Medvedev-Faktors in die Geschichte ist allerdings eher nicht eingetreten. Medvedev wurde fast ausnahmslos über Putin medialisiert und nicht als selbstständiger Präsident.

Putin und Medvedev – ein mediales Tandem

Putin wurde zu Beginn durch die Medien zu seinem Vorgänger kontrastiert. Seine KGB-Vergangenheit blieb dabei zu keiner Zeit unerwähnt. Durch die Beherrschung der deutschen Sprache und die Beziehungen zu Schröder konnte man anfangs noch von einem zwar gemäßigten, jedoch auch von einem positiven Image sprechen. Im späteren Verlauf gerieten seine russisch-nationale Haltung wie auch seine Stabilisierungspolitik zunehmend in den Fokus der Medien. Seine persönlichen Eigenschaften wurden auf die Politik übertragen.

Putin spielte bei Medvedevs medialer Darstellung eine große Rolle: Er wurde durch seinen Charakter begriffen, Medvedev hingegen immer kontrastiv zu ihm und über ihn (ZYKOVA 2014, 198 f.). Die Gegenüberstellung von Putin und Medvedev kann eher als eine Unterordnung Medvedevs beschrieben werden. Die Marionetten- und Tandem-Metaphorik drückt dabei aus, dass Medvedev nur als Teil von Putins Strategie angesehen wurde, den Putin nur de jure akzeptierte. Medvedev wurde abwechselnd zum Hoffnungsträger und zum Gegensatz Putins wie auch – vor allem im späteren Verlauf – zur enttäuschenden Marionette. Wie bereits bei El'cin, kann auch hier von einem ‚hangover' gesprochen werden, der sich jedoch schon innerhalb einer kurzen Amtszeit einstellte.

Demnach blieb der Medvedev-Faktor aus. Anfänglich noch als Modernisierer gesehen, ging Medvedev wohl als Marionette in das mediale Bewusstsein ein. Bei der Russlanddarstellung in den deutschen Medien fällt die starke Fokussierung auf den Präsidenten auf, wobei andere politische Akteure meist gar nicht in das Blickfeld gelangen. Medvedev mag im Vergleich vielleicht das unbekannteste Staatsoberhaupt der RF bzw. der Sowjetunion der letzten drei Jahrzehnte sein, dafür aber der wohl bekannteste Regierungschef.

5 Kontinuität in der Russlandberichterstattung – *Russkij Žanr*

> „Немецкие средства массовой информации традиционно уделяют значительное внимание первым руководителям России. Несмотря на то, что в немецкоязычном медиадискурсе присутствует разнородная информация о представителях российского истеблишмента, множество характеристик по-прежнему ‚мифологичны'. Возникновение мифов о российских политических лидерах связано с давлением сложившихся стереотипов о России, особенностями развития страны, со спецификой русского менталитета."[25] (MERKUR'EVA; KOSTINA 2012, 160)

Im deutschen Mediendiskurs – seien es Printmedien, Hörfunk oder Fernsehen – zeigt sich neben der starken Personifizierung des Systems und Emotionalisierung der Ereignisse eine starke Tradierung der Russlandwahrnehmung: eine realitätsferne und hauptsächlich negative Berichterstattung, die durch Sensationalismus und Negativität geprägt wird und als *russkij žanr* der deutschen Massenmedien bezeichnet werden kann. (PLOTNIKOV 2003) In einer Medienanalyse 2007 stellte sich heraus, dass bei 36 % der untersuchten Artikel auf Stereotype zurückgegriffen wurde, wovon 70 % in negativer Weise verwendet wurden. Während die Politik in der negativen Berichterstattung vorherrschte, wurde über andere Bereiche weniger, jedoch auch positiver berichtet.[26] Die Überlagerung innen- und außenpolitischer Ereignisse in der Russlandberichterstattung verstärkt eine allgemeine Politisierung.

Deutlich wurden beim vermittelten Russlandbild durch die Medien die immer wiederkehrenden Bilder aus dem Zweiten Weltkrieg und dem Kalten Krieg, wobei die konservativen Zeitungen sich dessen vermehrt bedienten. Dabei wurden die alten Stereotype nach dem Ende des Kalten Krieges erneut in ein dichotomes Konzept integriert, dessen Inhalt je nach Absicht unterschiedlich

---

[25] „Die deutschen Massenmedien widmen den führenden Politikern Russlands traditionell viel Aufmerksamkeit. Obwohl im deutschsprachigen Mediendiskurs unterschiedliche Informationen zu den Vertretern der russischen Führungsschicht vorhanden sind, ist eine Vielzahl an Beurteilungen nach wie vor ‚mythologischer' Art. Diese Entstehung der Mythen über russische Politiker ist verbunden mit dem starken Einfluss vorhandener Stereotype über Russland, den Besonderheiten in der Entwicklung des Landes und mit der Eigentümlichkeit der russischen Mentalität." (ebd. [Übers. d. Verf.])

[26] Die Medieninhaltsanalyse 2007 zum Russlandbild in führenden deutschen Medien untersuchte 1143 Beiträge im Auftrag der WINGAS des F.A.Z.-Institutes PRIME Research International (FORSA 2007, 3).

gewertet werden konnte. Die Gegenüberstellungen von unterschiedlichen Wertvorstellungen waren ebenso zu Zeiten der UdSSR präsent wie auch danach. Die RF wie auch die UdSSR galten im Vergleich zum Westen nahezu ausnahmslos als rückständig. Das Land war reich an Rohstoffen, jedoch ließ die schlechte Wirtschaft es immer in die Kategorie der Dritten Welt fallen (GAVRILOVA 2005, 191 ff.). Der Sowjetunion widerfuhr – auch noch zu Beginn Gorbačëvs – häufig der Vergleich zum Nazi-Regime (ebd., 199).

Die Berichterstattung unterlag in der gesamten Zeit einer Personifizierung. Die Vorteile dessen stecken in der Vereinfachung komplexer Ereignisse und der Möglichkeit einer einfacheren Schuldzuweisung. Einher damit gingen stereotype Assoziationen mit dem zaristischen Russland. (MERKUR'EVA; KOSTINA 2012, 164) Die Bevölkerung stand dabei immer im besonderen Gegensatz zum Staatsoberhaupt (GAVRILOVA 2005, 65): Die Reformen des positiven Gorbačëv scheiterten – wie bereits unter Peter I. – am widerwilligen Volk, während bei Putin dem Volk die Rolle des ‚armen' Untertanen zukam. In diesem Zusammenhang stand auch die Charaktereigenschaft der Russen von „Leidensfähigkeit, […] Unterwürfigkeit […] und Autoritätsgläubigkeit" (GAVRILOVA 2005, 70 ff.), die zur Erklärung einzelner Gegebenheiten herangezogen wurde. Im Gegensatz zur russischen Bevölkerung wurde El'cin überwiegend negativ beschrieben und reihte sich damit in die Reihe von Nikolaus I. und Alexander II. ein. Hierbei war das Volk zwar ebenso leidensfähig und geduldig, aber nicht rückständig. (DEGTJAROVA 2007, 33) Die Bewertung Putins schwankte anfangs noch zwischen Demokrat und Geheimdienstler, was die Dichotomie von Volk und Herrscher jedoch nicht überwinden konnte. Putin folgten die Russen erneut mit Gehorsam. Aus diesen den Russen zugeschriebenen Eigenschaften folgerten die Medien eine Demokratieunfähigkeit. (ebd., 134 ff.)

Gesellschaftliche Widersprüche in Bezug auf die Armut der Bevölkerung und die Oligarchen in den 1990er-Jahren bzw. die Neureichen in den 2000er-Jahren bildeten ein weiteres Themenfeld. Nach dem Fall der UdSSR waren die ehemaligen Sowjetbürger keine Kommunisten mehr, sondern – wenn nicht arm – Neureiche, Mafiosi oder Oligarchen. (MAKULKINA 2013, 79) Eine solche Vorzeichenänderung kann bei vielen weiteren stereotypen Eigenschaften nachgewiesen werden, zum Beispiel bei der Kontinentalfrage Russlands.[27] Europa galt als ein Synonym für Zivilisation. Die Darstellungen in den Medien fokussierten sich klar auf Westrussland im Zuge der Europäisierung. Positive Ereignisse wurden mit der Annäherung in Verbindung gebracht. Die Gräueltaten im Kaukasus zeugten hingegen von einem ‚asiatischen Charakter'.

Je nach Intention des Textes und je nach Kontext wurden die Medienbilder um „typisch russische Folklore-Attribute" (MAKULKINA 2013, 79) erweitert. Geografische Stereotype dienen als „Rahmen bzw. Hintergrund für die Darstellung der politischen und sozialen Probleme des Landes" (DANILIOUK 2006, 214). Weitere Klischees, die weniger politisch sind, in der Berichterstattung aber zur Unterstreichung der Absicht auftraten, waren u. a. Alkoholkonsum und Vodka, die durch die sozialen Verhältnisse, das Klima und die Größe des Landes erklärt wurden (GAVRILOVA 2005, 66 f.). Die Geschmacklosigkeit und Unterwürfigkeit der russischen Frauen war ein weiteres stereotypes Element (DEGTJAROVA 2007, 147), was besonders in Zusammenhang mit Raisa Gorbačëva auftrat und ihrer Stilisierung diente. Sie galt als ungewöhnlich geschmackvoll, was wohl auch der allgemeinen Euphorie Gorbačëvs in den deutschen Medien zuzurechnen ist. Positive Elemente, die ebenfalls je nach Kontext reanimiert werden konnten, waren die russische Seele, die Gastfreundschaft oder kulturelle Aspekte wie die große russische Literatur.

Die Ikonen stehen zusammen mit den Kuppeln für die Volksfrömmigkeit (GAVRILOVA 2005, 78). Der Kreml und Moskau sind – nicht nur auf visueller Ebene – Ausdruck von Macht. Zu den angewandten Symbolen und visuellen Elementen zählt vor allem der Bär, der zumeist als einsames Ungeheuer in den internationalen Beziehungen dargestellt wird (ŽAKOVSKA 2010, 59). Diese Dehumanisierung ist für Feindbilder charakteristisch. Aber auch die rote Farbe zur Verdeutlichung der Sowjets durchzieht die Berichterstattung auch nach der UdSSR, da sich die Russen als Verallgemeinerung für die sowjetische/*russländische* Bevölkerung äußerlich nicht stark von den Mitteleuropäern unterscheiden (DEGTJAROVA 2007, 254 f.).

[27] Nicht nur geografisch, sondern auch historisch-kulturell ist die Zugehörigkeit des Vielvölkerstaates zu Asien und Europa nicht eindeutig geklärt. Kulturelle und historische Berührungspunkte mit Asien wie die Tatarenherrschaft zwischen dem 13. und 15. Jahrhundert trugen u. a. zum ‚asiatischen Charakter' bei (DEGTJAROVA 2007, 69 f.).

Hierin zeigt sich auch das bereits angesprochene sprachliche ‚Problem' der Gleichsetzung von russisch/*russländisch* und sowjetisch, wodurch die RF stark in Verbindung mit der UdSSR gebracht wird.[28] Deutlich wurde zudem, dass sich zu den politischen Etappen (des jeweiligen Präsidenten) eine neue Sprache konstatierte, die für die Epoche in den Medien zum Standardrepertoire wurde (MERKUR'EVA; KOSTINA 2012, 175). Sprachlich konstant blieben ebenso negative Beschreibungen und eine aggressive Grundhaltung, die auch durch viele Kriegsmetaphern zum Ausdruck kam.[29]

Ein weiteres Element, das in allen Episoden präsent war, war die russische (sowjetische) Bedrohung, verdeutlicht durch physische Macht, die Angst vor atomaren Katastrophen, wirtschaftliche Expansion und Immigration aus den ehemaligen Unionsrepubliken. Diese Bedrohung ist Teil des schon seit dem Zweiten Weltkrieg existierenden Feindbildes, das sich durch Gorbačëv mäßigte, jedoch nie ganz verschwand. Bis zum Zerfall der UdSSR rührte das Bedrohungsgefühl aus dem ideologischen Feindbild, wandelte sich unter El'cin zur Angst vor einem Übergreifen des Chaos und kehrte unter Putin zurück zum russischen Expansionsstreben. Die NATO gründete sich aus der Gegenwehr zum kommunistischen Block. Nach 1991 musste diese Legitimation revidiert werden und es wurden neue „Bedrohungsszenarien [geschaffen], die nicht nur aus russischer Sicht immer auch gegen Russland anwendbar schienen" (BRIE 2012, 164).[30] Mit der Aufrechterhaltung des Gefühls einer russischen Bedrohung

---

[28] Im Duden war 1999 unter „Russland" folgender Eintrag zu finden: „1. a) (hist.) Russisches Reich; b) Russische Föderation. 2. nicht amtliche Bezeichnung für die Gebiete der ehemaligen UdSSR mit traditionell russischer Sprache und Kultur. 3. (ugs. früher) UdSSR." (KERIMOV 2010, 73) Seit 1999 hat sich daran nicht viel geändert: „1. nicht amtliche Bezeichnung für: Russische Föderation; Staat in Osteuropa und Asien 2. (früher) nicht amtliche Bezeichnung für: Sowjetunion." (Eintrag „Russland" im DUDEN Online 2015)

[29] Jedoch ist anzumerken, dass im politischen Diskurs der deutschen Medien Kriegs- und Theatermetaphern generell verwendet werden, ohne spezifischen Bezug zu Russland. Vgl. dazu: LOGAČEV, Sergej (2008): Metafora vojna v političeskom diskurse (na materiale nemeckich SMI). In: Izvestija Rossijskogo gosudarstvennogo pedagogičeskogo universiteta im. A. I. Gercena, Sankt-Petersburg, 49/2008, S. 94–97. KERIMOV, Ruslan (2013): Teatral'naja metafora v nemeckom političeskom diskurse (kognitivnyj aspekt). In: Kemerovskogo gosudarstvennogo universiteta, Kemerovo, 24/2013, S. 206–216.

[30] Die Charakteristika des deutschen Russlandbildes im politischen Mediendiskurs lassen auch strukturelle Gemeinsamkeiten zum medialen Russlandbild anderer Ländern erkennen.

konnten Aufrüstungsbestrebungen der NATO in Europa legitimiert werden. Die Situation in der Ukraine könnte dafür als aktuelles Beispiel dienen.

Es muss jedoch zwischen einer expliziten und einer impliziten Stereotypisierung unterschieden werden. Während erstere eher bewusst angewendet wird, wie verschiedene Analogien zum wütenden Bären oder ‚barbarische' Russen in Čečnja, geht letztere viel tiefer. Sie verfolgt in einem Artikel kein bestimmtes Ziel, ist nicht so einfach nachweisbar und nur in einem längeren Zeitraum messbar. Ein Beispiel dafür wäre die Bewahrung des Bedrohungsgefühls – eher unbewusst und unterschwellig –, das durch Darstellungen von einem aufrüstenden Militär und brüllenden Bären um eine explizite Komponente erweitert werden kann.

Dabei gibt es neben dem grundlegenden Image noch weitere Elemente, die die ausländischen Medien formen. Sie umfassen die visuellen und verbalen Komponenten, wie auch Beschreibungen der Mentalität, Ansichten und der Einstellung der russischen Bevölkerung sowie emotionale Aspekte. (ŽELTUCHINA; OMEL'ČENKO 2013, 60 f. [Herv. i. O.])

6 Ambivalente Berichterstattung

Medien können eine eigene Realität schaffen. Das lässt sich kaum bezweifeln. Dass sie bewusst falsche Informationen liefern, ist allerdings nicht einfach nachzuweisen. Tatsache ist jedoch, dass Medien gemäß der Nachrichtenwert-Theorie, der allgemeinen Stimmung in der Gesellschaft und dem Verständnis des Verfassers bestimmte Gegebenheiten unterschiedlich interpretieren können. Das kann u. a. sprachlich zum Ausdruck kommen, wobei das Ergebnis – je nach Bedürfnis – positiver oder negativer dargestellt werden kann. So ist es ein Unterschied, ob von ‚Jeder Dritte mag Putin' oder ‚Zwei Drittel mögen Putin nicht' die Rede ist.

Ferner kann durch das Verschweigen einzelner Komponenten und das Hervorheben anderer – sei es dem Prinzip des Journalismus oder dem Verharren in tradierten Mustern geschuldet – die Realität *verfälscht* werden, da eben nur ein Aspekt beleuchtet und andere verborgen werden. Dies kann bewusst und häufiger noch unbewusst geschehen. An dieser Stelle soll daher eine Differenzierung zwischen *falsch* und *verfälscht* gemacht werden. Als *falsch* sollen in diesem Sinne durch und durch falsche Nachrichten verstanden werden, während *verfälschte* Aussagen durch die unten genannten Punkte von der Realität in großen oder kleinen Teilen abweichen. Zu einer solch verfälschten Berichterstattung des anderen gehört aber auch eine verfälschte Reflexion des eigenen Standpunkts. Demnach werden nicht legitime Vergleiche herangezogen, die – im Falle der UdSSR/RF – Besonderheiten der anderen Nation missachten und zu falschen Schlussfolgerungen führen können.

6.1 Die russische Realität

> „Достаточно детализованные, смелые и критичные суждения о российских президентах рассчитаны, прежде всего, на граждан немецкоязычных стран, отдаленных от России не столько географически, но и ментально и не всегда имеющих представление о российских реалиях.“[31] (MERKUR'EVA; KOSTINA 2012, 174)

Ein Ergebnis solcher Fehler ist zum einen das vorschnelle Urteilen auf keinerlei fundierter Basis. Ein weiterer missachteter Punkt ist, dass der Zerfall der UdSSR eine Selbstauflösung war und „zum ersten und einzigen Mal […] ein Imperium friedlich die Arena der Weltgeschichte“ (BRIE 2012, 161) verließ, was vom Westen bislang unbelohnt blieb. Im deutschen Mediendiskurs erhielt bei der Darstellung der Sowjetunion und der RF die Bevölkerung besondere Beachtung, wenn es darum ging, sie zum Staatsoberhaupt zu kontrastieren oder bestimmte Gegebenheiten zu erklären. Demnach bietet sich ein Blick auf die sowjetische bzw. russische Bevölkerung an:

Perestrojka und Glasnost'

Die Reformen Gorbačëvs setzten besonders in der Wirtschaft an, führten jedoch für die breite Masse der Bevölkerung zu einer Verschlechterung der Verhältnisse und folglich auch zu Sympathieverlusten Gorbačëvs. Die fallenden Ölpreise Ende der 1980er-Jahre, Katastrophen wie Černobyl' oder Ereignisse wie in der litauischen Hauptstadt Vilnius verstärkten diese Tendenz. Die Planwirtschaft war natürlich im Vergleich zu den anderen Wirtschaftssystemen im Westen unterlegen, doch sie funktionierte insoweit als sie einen gewissen Lebensstandard ermöglichte. (SAFIULLIN 2007, 96) Die Idee der Perestrojka war für die sowjetische Bevölkerung ebenso eine (zu Beginn) positive Überraschung. Entgegen westlicher Behauptungen war Gorbačëv Ende der 1980er-Jahre noch einer der populärsten und geachtetsten Politiker der UdSSR. Nur eine richtige Umsetzung seiner Idee sei ihm nicht gelungen. (ZDRAVOMYSLOVA 2005, 358) Russische Studien in der heutigen Zeit belegen ebenfalls seine wahrgenommene

---

[31] „Die überaus detaillierten, gewagten und kritischen Aussagen über die russischen Präsidenten sind vor allem für die Bürger deutschsprachiger Länder bestimmt, die nicht so sehr geographisch, jedoch geistig weit entfernt von Russland sind und nicht immer über eine Vorstellung von der russischen Realität verfügen.“ (ebd. [Übers. d. Verf.])

'herausragende' Rolle in der russisch-sowjetischen Geschichte, jedoch in einer negativen Weise.[32]

Die Perestrojka und die daran anschließenden Entwicklungen wurden im Westen völlig anders bewertet als in der Sowjetunion. Gorbačëv wollte das System der Sowjetunion verbessern, nicht aber abschaffen (VELIČKO 2005, 203). Die Wirtschaftskrise der 1980er-Jahre hatte auch zur Folge, dass die sowjetische Bevölkerung verarmte (MEDVEDEV 2010, 122). Glasnost' und Perestrojka wirkten sich auch auf die Presse- und Meinungsfreiheit aus, wobei sowjetische Medien nahezu in einen „Freiheitsrausch" (LOZO 2010b, 0:20) gerieten. Die neue Freiheit auf medialer und literarischer Ebene trug bestimmte Dinge ans Licht, die es zwar schon vorher gab, wie die Kriminalität, jedoch bisher nicht in diesem Ausmaß öffentlich beschrieben wurden. Diese plötzliche (mediale) Reizüberflutung trug dazu bei, dass die Reaktionen der sowjetischen Bevölkerung auf die Situation verstärkt wurden.

Die Gesellschaft hatte sich mit der Umstrukturierung auf vielerlei Ebenen auseinanderzusetzen: Wirtschaftlich von einer Planwirtschaft zu einem mehr nach dem kapitalistischen System ausgerichteten Markt – wenngleich Gorbačëv anfangs noch ein anderes marktwirtschaftliches System anstrebte –, politisch von einem kommunistisch regierten Zentralstaat zu einer Demokratie – wenn auch das nicht in erster Linie Gorbačëvs Intention war – und zuletzt gesellschaftlich wie auch ideologisch. Man zog der Bevölkerung geradezu den Boden unter den Füßen weg, die sich mit einer neuen Welt konfrontiert sah. All diese Prozesse haben in Deutschland und auch in anderen Ländern mehrere Jahrzehnte beansprucht. In Russland hingegen erwartete man einen schnellen Wandel.

Das erste Jahrzehnt der Russischen Föderation

Auch bei El'cin war die Wertung der RF stark an der Person orientiert. Zwar gingen hier die Meinungen der Deutschen und der Russen nicht so stark auseinander wie bei seinem Vorgänger, jedoch wurden einige Elemente seiner Amtszeit anders empfunden.

---

32 FOM 2001; FOM 2006; VCIOM 2001, Q49. Die Umfragen (online) von FOM, VCIOM und LEVADA-CENTR werden im Literaturverzeichnis (S. 136) gesondert ausgewiesen.

Unter El'cin kam es zu vielen wirtschaftlichen und sozialen Veränderungen. Durch den Wandel des Systems wurden viele arbeitslos. Die El'cin-Zeit stand für „die Zerrüttung der Wirtschaft sowie die chaotische Desintegration des Staates und seiner elementaren sozialen Schutzfunktionen" (BRANDT 2012, 11). In den 1980/1990er-Jahren sank die Lebenserwartung, was im europäischen Vergleich in den letzten Jahrhunderten durchaus beispiellos war und „das ganze Ausmaß der sozialen Katastrophe fassbar machte. Durch die Verelendung breiter Volksschichten erhielt die demographische Krise einen besonders dramatischen Akzent." (ebd.) Demgegenüber ermöglichte die staatliche Umverteilung – u. a. auch in den Medienbereichen – die Entstehung der Oligarchen. Das Problem dabei war die unterschiedliche Auffassung von Privatbesitz. Unter Stalin war dies ein Verbrechen, was sich in den meisten Köpfen der Bevölkerung so festsetzte (KRONE-SCHMALZ 1994, 31). Ferner wurde sich vermehrt mit der Vergangenheit beschäftigt. „Parallel zur Entmythisierung der sowjetischen Vergangenheit fand eine Remythisierung der vorrevolutionären russischen Geschichte statt." (SCHERRER 2014, 19) Eine richtige Aufarbeitung blieb jedoch aus (ebd.).

Bei den Wahlen 1996 zeigte sich, dass die russischen Medien im weiteren Verlauf ihren Fokus auf viele andere Kandidaten richteten, die in Deutschland kaum oder gar keine Erwähnung fanden. Dabei war die eigentliche Politik deutlich wichtiger als das persönliche Bild, das sich vor allem im deutschen Pressediskurs bemerkbar machte (VOLKOVA; KLIMENKO; SAFRAZ'JAN 1997, 61 f.).[33] El'cins Vorgehen in Čečnja brachte ihm im In- sowie Ausland negative Schlagzeilen ein, ebenso seine wirtschaftlichen Maßnahmen und sein privates Auftreten (LONGWORTH 2005, 308 ff.). Durch seine Politik wurden Privatisierung und Korruption wie auch die Oligarchen mit der Perestrojka und folglich mit Liberalisierung und Demokratie in Verbindung gebracht. (ZDRAVOMYSLOVA 2005, 359) Eine Kritik am Präsidenten seitens der russischen Bevölkerung galt hierzulande jedoch als rückständig (KRONE-SCHMALZ 2007, 17). Die große

[33] Studien des FOM zeigten, dass 1994 59 % El'cin nicht als Kandidaten der *demokratičeskich sil* sahen. 39 % bewerteten seine Arbeit in den Jahren bis 1996 besser als in den folgenden. 51 % begrüßten einen vorzeitigen Rücktritt El'cins. (PETROVA 1998b; MIGDISOVA; PETRENKO 1994)

Verarmung der Bevölkerung und das Aufstreben der Oligarchen unter El'cin war für viele Russen eine neue „Zeit der Wirren“ (KRUMM 2010, 4).

> „Das korrupte und lähmende Jelzin-Regime – vom Westen gehätschelt – erzeugte in Russland vielfach den Wunsch nach autoritärer Modernisierung, auf die Formel gebracht: ‚Wir wollen nicht mehr zum Kommunismus zurück, aber wir haben eure Demokratie, eure Freiheit, eure Menschenrechte satt. Wir wollen Ordnung.‘“ (KRONE-SCHMALZ 2007, 24)

Putins Stabilisierung

Nach den chaotischen Jahren unter El'cin sehnten sich die russischen Bürger nach mehr Ordnung. Putin regierte im Gegensatz zu El'cin härter. Seine Politik und Forderungen galten hierzulande als widerrechtlich und undemokratisch. In Russland hingegen waren sie der „Wegbereiter für die versprochene Wiederherstellung der Staatsmacht“ (SCHERRER 2014, 20), weshalb auch der Zweite Čečnja-Krieg gebilligt wurde. Im Westen gilt Putin als Despot und autoritärer Herrscher. Dass er große Zustimmung vom russischen Volk erhält, findet dabei kaum Beachtung. Seine Politik orientiert sich an den nationalen Interessen, weniger an einer ihm vorgeworfenen Ideologie (TIMMERMANN 2007, 105 f.). Damit einhergeht eine zunehmende Distanzierung vom europäischen Weg zu einer eher konservativen Linie (ADOMEIT; BASTIAN; GÖTZ 2004, 4). Seine Stabilisierung wird im Inland positiv gewertet,[34] auch wenn die russischen Missstände gesehen und kritisiert werden. Mehrheitlich wurden die Kampagnen 2010 ‚*Rossija bez Putina*‘ und ‚*Putin dolžen ujti*‘ nicht unterstützt[35].

Die Auseinandersetzung mit der Vergangenheit, dem kulturellen Erbe des vorrevolutionären Russlands und auch der Sowjetunion, zusammen mit einer

---

[34] FES 2002, 6; VCIOM 2005, 22; LEVADA-CENTR 2013a.

[35] Laut einer Umfrage 2008 des Instituts Nikkolo M wurde Putins Stabilisierungspolitik von 61 % als ineffizient angesehen. Soziale Ungerechtigkeit habe zu- und Rechtsstaatlichkeit abgenommen (85 % und 70 %). (KRUMM 2010, 7) Die Machtvertikale *vertikal' vlasti* (2006–2013) wurde im Januar 2006, im Januar 2008 und im Februar 2011 jedoch mit mehr Vorteilen als Nachteilen bewertet. 2013 wollten nur 26 % Putin 2018 erneut im Amt des Präsidenten sehen, 14 % jemanden, der Putins Politik fortsetzt, und 41 % jemanden, der einen anderen Weg einschlägt. Jedoch sahen 31 % ihn 2018 erneut im Amt, gefolgt von einem, der von ihm vorgeschlagen wurde (19 %), erneut Medvedev (16 %) und nur 15 % einen Unabhängigen. (LEVADA-CENTR 2013a) Der Großteil sprach sich für mehr soziale Gerechtigkeit und Schutz (44 %) aus, gefolgt von der Umkehr der Privatisierung durch Putin (41 %) sowie weniger Korruption und mehr Interessenpolitik der Bevölkerung (39 %) (LEVADA-CENTR 2013b).

Stärkung des Staates, die Russland die Möglichkeit eröffnete, sich von der postsowjetischen Epoche zu lösen, wurden in der russischen Bevölkerung begrüßt (SCHERRER 2014, 20 f.). Diese Auseinandersetzung vollzog sich jedoch nicht unbedingt in Richtung Abkehr von der Vergangenheit. Symbole und die Melodie der sowjetischen Nationalhymne wurden wieder eingeführt. Auf diese Weise trägt Putin ebenso zur Gleichsetzung von Sowjetunion und RF bei und schafft ein Bewusstsein in der Bevölkerung für die RF als Erbin der UdSSR. Die Identitätssuche der russischen Bevölkerung scheint sich unter Putin zu stabilisieren. Dabei zeichnet sich in Russland ein besonderer Trend ab.

Putinkult

Putin wusste es schon immer, sich besonders nach dem Geschmack der Bevölkerung zu inszenieren. Dabei entstand in den letzten Jahren, trotz seiner auch in der russischen Bevölkerung kritisch betrachteten Innenpolitik, ein regelrechter Putinkult. Putin greift die oben genannten Verbindungen der russisch-sowjetischen Vergangenheit auf und trifft damit den Nerv einer identitätssuchenden Bevölkerung.

Das Präsidentenbild dient nicht nur im Souvenir- und Devotionalienhandel, sondern auch in der Kunst u. a. der Vermarktung und dem lukrativen Geschäft. „Sicher ist: Die demonstrative Präsentation des Präsidentenporträts in Beamtenbüros – in der Tradition des sowjetischen Führerkults – wurde unter Putin wieder gang und gäbe.“ (ENGELFRIED 2008, 17) Aber auch die Inszenierung „als omnipotenter Herrscher, Feldherr, guter Zar und Retter seines Volkes“ greift „auf nationale Traditionen aus vorrevolutionärer Zeit“ (ebd. 2012, 47) zurück. Durch Abstinenz und Sport wollte er sich bewusst zu El'cin kontrastieren, der sich durch Schwäche und seine Alkoholkrankheit auszeichnete (ebd., 52 f.). Putins Image zeugt von sportlichen Betätigungen, namentlich Judo, was ihn mit den Charakteristika von männlicher Stärke, Lebenskraft und Überlegenheit ausstattet (ebd. 2008, 19). Oberkörperfreie Fotostrecken in Sibirien und die Rettung des Kamerateams vor einem Tiger durch Putin (widerlegt!) sind nur einige Beispiele (ebd. 2012, 61). Die russischen Medien zeigen das Staatsoberhaupt vielschichtig und „versetzen Putin in die Rolle eines modernen Helden, Sexsymbols, Medien- und Popstars. Die symbolische Politik unter Putin ist im

Zeitalter des Politainment [sic!] angekommen.“ (ebd., 47) Diese Darstellungen werden auch in den deutschen Medien aufgegriffen, ihnen widerfährt jedoch hierzulande eine deutlich andere Wertung.

Aufgrund ihrer Arbeit in der Öffentlichkeit und ihrer damit einhergehenden Verantwortung werden vornehmlich Politiker auch privat dargestellt, da durch ihre gesellschaftliche Funktion Privatperson und Berufsbild zu verschmelzen scheinen. Je nach Darstellung kann das Auswirkungen auf die generelle Rezeption haben. Auch in vielen anderen Ländern sind solche medialen Tendenzen anzutreffen. Was aus deutscher Sicht nahezu grotesk und teilweise auch lächerlich erscheint, wird in Russland hingegen positiver angenommen. In Deutschland sind solche persönlichen Darstellungen der Politiker eher unerwünscht und werden von den Medien oft nur in einem negativen Licht aufgegriffen, und das zumeist im Zusammenhang mit Skandalen. Bilder, die die Bundeskanzlerin Angela Merkel beim Hering essen zeigen, wirken ebenso lächerlich und werden in den Medien und sozialen Netzwerken über mehrere Wochen parodiert.

Medvedevs Modernisierung

Die russische Bevölkerung begegnete den ‚progressiven‘ Entwicklungen der Modernisierung anders. Medvedevs Modernisierung erinnerte das Volk an El'cin, weshalb sie den Reformen dementsprechend skeptisch gegenüberstanden (KRUMM 2010, 4). Seit 2008 zeigte sich eine deutliche Tendenz in der Bewertung der Situation als krisenhaft und problematisch (MAREEVA 2010a, 5 f.).[36] Als Schlüsselideen der russischen Modernisierung galten gesetzliche Gleichstellung und Achtung der Menschenrechte, der Kampf gegen die Korruption und soziale Gerechtigkeit, aber weniger die demokratische Erneuerung der Gesellschaft (ebd. 2010b, 19 f.). Das Vertrauen in Gericht und Miliz war zwischen 1998 und 2010 um weniger als 10 % gestiegen (TICHONOVA 2010, 44). Die Schritte (Gleichheit der Bürger), die in europäischen und nordamerikanischen Staaten schon gefestigt seien, müsse Russland erst noch erreichen (ANDREEV

[36] Nach einer RAN-Studie (*Rossijskaja Akademija Nauk*) 2010. Die Russische Akademie der Wissenschaften führte in Zusammenarbeit mit der Friedrich-Ebert-Stiftung Untersuchungen zwischen März und April 2010 mit 1750 Befragten ab 18 Jahren verschiedener Gesellschaftsschichten aus der gesamten RF durch.

2010, 159). Daher gilt die Gleichheit vor dem Gesetz (*Ravenstvo vsech graždan pered zakonom*) als demokratischer Messwert, während die Pressefreiheit einen untergeordneten Platz einnimmt (BYZOV 2010, 85). Die Meinungs- und Pressefreiheit ist hingegen in westlichen Demokratien *das* demokratische Kriterium.

In Russland waren die Umbrüche schmerzvoll, was sich an den vielen sozialen Katastrophen zeigte. Obwohl die Entwicklung Russland zu einem der führenden Länder machte, sei die russische Erfahrung der Modernisierung dennoch ernüchternd gewesen. Die Industrialisierung und die anschließende Umwandlung des Landes in eine Supermacht sei mit vielen Millionen Menschenleben und dem Verlust der geistigen Werte bezahlt worden. Zudem zeige sich Russland im Vergleich zu den anderen Weltmächten instabil. Modernisierung werde definitiv erwünscht, jedoch festigten die Erfahrungen der letzten Jahre die Auffassung eines anderen Wegs, der sich nicht auf die einfachen Schemata des Westens von Zivilisation und Unzivilisiertheit anwenden lasse, denn das Ergebnis einer europäischen Annäherung sei bislang enttäuschend geblieben. Im Mittelpunkt des ‚russischen Wegs' stünden vielmehr Gemeinschaftsgefühl, Kollektivgeist und harte staatliche Kontrolle. (ANDREEV 2010, 158 ff.)

***

Die Trennung vom Westen wird in der RF nicht nur in den historischen und kulturellen Erfahrungen sowie unterschiedlichen Werten gesehen. Vielmehr spielen die ausländischen Faktoren (NATO-Erweiterung, Abtrennung des Kosovo, Unterstützung einiger antirussischer Kräfte und Regime etc.) eine große Rolle. Im Zusammenhang mit der Modernisierung steht für die russische Bevölkerung zwar auch die Freiheit, jedoch ist Freiheit für fast 60 % *volja*: etwas, das in andere Sprachen unübersetzbar ist und sich durch das *Gefühl* fehlender äußerer Kontrolle und die Möglichkeit, ‚sein eigener Herr zu sein', zeige. (ANDREEV 2010, 162 ff.) Diese Aspekte der unterschiedlichen Einstellungen werden hierzulande oft genug verkannt. Die folgende Grafik (Abb. 4) zeigt die *russländische* Bewertung der eigenen Lebenssituation, die sich deutlich entgegen dem deutschen Russlandbild der Medien verhält.

Abb. 4 Bewertung der eigenen Lebenssituation 1994–2010 in % (MAREEVA 2010a, 16)

Exkurs: Russische Medienanalyse zum Deutschlandbild

In einer Studie von KASAMARA und SOBOLEV wurde das Deutschlandbild in den russischen Medien zwischen 2000 und 2009 untersucht. Dazu dienten wirtschaftliche Fachzeitschriften (*Vedemosty*, *Komersant* und *ExpressJournal*) und Tageszeitungen (*Komsomolskaja Pravda*, *Nezavisimaja Gazeta* und *Moskovskij Komsomolec*). Deutschland wurde in der Presse im Gegensatz zu Frankreich, Italien, Spanien und der EU am meisten erwähnt. Größte mediale Aufmerksamkeit erlangte es im Juni 2006 (Fußball-WM). Dieses Ereignis sei ein Schlüsselerlebnis im modernen Deutschlandbild der Russen gewesen. Daneben waren der Oktober 2001 mit dem Besuch Putins in Deutschland und seiner Rede im Bundestag, was auch in Deutschland selbst auf positive Resonanz stieß, und Putins Treffen im Oktober/November 2002 mit Schröder, der sich für die russische Politik im Fall Čečnjas aussprach, ausschlaggebend. Im Februar 2003 trafen sich Putin und Schröder erneut zum Jahr der russischen Kultur, ebenfalls positiv in der Presse beschrieben. Im Oktober reiste der Kanzler nach Ekaterinburg, was als Ausbau der bilateralen Beziehungen gewertet wurde. Im Oktober 2007 berichteten die russischen Medien vor allem über das Treffen in Wiesbaden (Petersburger Dialog). Die deutsche Kritik am russischen Wahlsystem blieb unerwähnt. Der Abzug der ukrainischen Botschafter 2008 aus Russland und Deutschland wurde in der russischen Presse als Reaktion der Ukraine auf die deutsche Unterstützung der ablehnenden Haltung Russlands zum NATO-Beitritt der Ukraine gewertet. Deutschland galt als Verbündeter Russlands. Ebenfalls Niederschlag fand das Fußball-EM Halbfinale im Juni 2008 (Deutschland gegen die Türkei), dessen Sieger gegen Russland spielen könnte. Im Juli äußerte sich Steinmeier zur militärischen Besetzung von Abchazija, im Oktober gewann die deutsche Mannschaft gegen Russland in der Fußball-WM-Qualifikation und im April 2009 traf Kanzlerin Merkel den russischen Präsidenten Medvedev, um über die Ukraine und die Gaspipeline zu reden. Auch hier war das Bild nicht negativ. (ebd. 2012, 124 ff.)

Im Vergleich wurde über Frankreich besonders über die inneren Angelegenheiten berichtet; Russland war nur in drei von dreizehn hoch frequentierten Ereignissen verwickelt, wobei zwei davon konfliktreich geprägt waren. Die Deutschlandberichterstattung war von gegenseitigen Beziehungen und positiv geprägt. Nur die Haltungen über die Fußballniederlage und über den deutschen Plan in Abchazija waren unklar. (ebd., 133)

Die russischen Medien zeigten ein deutlich weniger politisch geprägtes und im Allgemeinen ein deutlich positiveres Deutschlandbild. Merkels Wahlsieg 2005 wurde nicht ausschlaggebend reflektiert, obwohl ein deutscher Machtwechsel auch Auswirkungen auf die bilateralen Beziehungen nach sich ziehen konnte. Das mediale Deutschlandbild ist demnach weniger an die politischen Personen gebunden als das deutsche Russlandbild. Medial thematisiert wurden demgegenüber vor allem Sportereignisse wie die Fußball-WM in Deutschland 2006.

6.2 Interpretation und Wertung

Tatsächliche Sachverhalte können durch verschiedene Interpretationen unterschiedlich gewertet werden. Das gilt nicht nur für die Politik oder damit verbundene Gegebenheiten. Auch alltägliche Dinge und geografische Besonderheiten unterliegen gewissen interpretativen Möglichkeiten. Mit Sibirien bspw. „ist ein ganzes Bündel widersprüchlicher Assoziationen und Wertungen verbunden: Diese können die Rückständigkeit und Härte des alltäglichen Lebens ebenso aufgreifen wie die Vorstellung von den schier unbegrenzten Möglichkeiten.“ (DANILIOUK 2006, 275) Ebenso zweideutig verhält es sich mit der Gegenüberstellung von Volk und Herrscher. Die teils wirklich unstrukturierten Reformprozesse wurden im Westen gesehen, jedoch oft mit der Unfähigkeit und Unempfänglichkeit des Volkes durch Klischees zu erklären versucht. So sei Gorbačëvs Alkoholverbot u. a. an der „Volksseele“ der Russen gescheitert, was als „Beispiel für Gorbačëvs undurchdachten Kurs“ (LOZO 2010a, 8:11) galt. Hier hält sich das Bild eines trunksüchtigen, unbelehrbaren Volkes bei gleichzeitiger Kritik an der Regierung Gorbačëvs.

Die Wertung muss nicht immer bewusst gemacht werden, sondern kann auch aus einer generellen Haltung resultieren. Zum vorschnellen Urteilen gehört auch eine *Missinterpretation*. Im Januar 1990 besuchten Genscher und Kohl Gorbačëv in Moskau. Es ging um die NATO-Mitgliedschaft des geeinten Deutschlands, die von sowjetischer Seite nicht begrüßt wurde. Die Medien in Deutschland berichteten jedoch vom Gegenteil und beriefen sich auf angebliche Berater des sowjetischen Staatschefs. Auch diese Art der Berichterstattung blieb in Moskau nicht unerkannt, wo man „eine gewisse Einseitigkeit und eine Neigung zur Euphorie“ (KRONE-SCHMALZ 1993, 96) bemerkte. Und diese Euphorie kann die tatsächliche Realität eben auch verfälschen.

Beim Gipfeltreffen in Genf 1985, als man noch von keiner ‚Gorbimanie‘ sprechen konnte, richtete man das Augenmerk auf den Charakter Reagans und sein Streben nach einer Verbesserung der Situation in einer zweigeteilten Welt. Dass aber so ein Treffen mit solch einem inhaltlichen Aspekt nach dem Zweiten Weltkrieg – ungeachtet des tatsächlichen Ausgangs – erst durch Gorbačëv vorstellbar war, erhielt kaum Beachtung. (GAVRILOVA 2005, 83) Ebenso verhielt es sich mit den Duma-Wahlen 1993. Die ‚guten‘ Ergebnisse der nationalistischen Partei Žirinovskijs und die ‚schlechten' der demokratischen *Vybor Rossii* sowie die vorangegangenen Reformen für mehr Machtbefugnisse des Präsidenten wurden ungeachtet ihrer Gründe nur in eine Richtung gewertet: Während die Medien von einem Rückschritt Russlands weg von der Demokratie sprachen, wurde die Tatsache, dass zu dieser Wahl alle Parteien im ‚diktatorischen' Staat angenommen waren, was also als Schritt zur Demokratisierung gesehen werden konnte, komplett missachtet. (ebd., 145) Im Zuge des Irak-Kuwait-Konfliktes habe sich Russland um diplomatische Schlichtung bemüht, was jedoch international misstrauisch beäugt wurde (KRONE-SCHMALZ 1993, 244).

Bei Putins Innenpolitik fallen in der deutschen Berichterstattung vor allem die Menschenrechtsverletzungen und die Zentralisierung ins Gewicht. Jedoch hat sich die Stabilität des Landes nicht nur auf die Wirtschaft und die Außenpolitik ausgewirkt, sondern auch auf das Innere. Somit schuf Putin erstmals seit dem Fall der UdSSR Ordnung und Kontinuität in der Politik, was zum Beispiel Renten und Sozialmaßnahmen anbelangt. Unter Putin wurden die meisten Handlungen in Richtung Diktatur und gegen die Rechtsstaatlichkeit gewertet. Darunter fielen auch verwaltungstechnische Handlungen: So sei jedoch die „Fusion von Regionen" vielmehr eine „russische Variante des Länderfinanzausgleichs" (KRONE-SCHMALZ 2007, 162) als eine Machtzentralisierung. Die administrative Machtzentralisierung wurde als Rückschritt zum politischen Zentralismus gesehen. Ungeachtet blieb jedoch die Tatsache, dass die Separationsbewegung in Čečnja erst durch die Verfassung der RF von 1993 (Kap. 3, Art. 65–79, *federativnoe ustrojstvo*) ermöglicht wurde.

Zjuganov (KPRF) wurde in den Medien – im Gegensatz zu seinen Konkurrenten – bei den Präsidentschaftswahlen nicht großartig thematisiert. Seine Ergebnisse lagen zwischen 1996 und 2012 (außer 2004) zwischen 15 und 30 %; 1996 sogar knapp unter El'cin, und 2000 erzielte er das zweitstärkste Wahlergebnis nach Putin. Die Ergebnisse nahmen zwar stetig ab, jedoch zeigt seine dauerhafte Präsenz, dass die kommunistische Idee in Russland nach wie vor von Bedeutung ist. Das passt allerdings nicht in das Bild von einem nun nicht mehr kommunistischen Staat, der vermeintlich positive Erfahrungen mit dem Westen und den demokratischen Werten sammeln konnte.

6.3 Das Problem mit der Doppelmoral

Die Medien verdeutlichen einen Aspekt, der in der Gesellschaft offenbar vorherrscht; das unterschiedliche Beurteilen einer gleichen oder ähnlichen Gegebenheit. Wie schon im Eingangskapitel erwähnt, wird das Feindbild u. a. durch diese Doppelmoral charakterisiert.

Ein Grund für diese fatale Messung ist die „selektive Wahrnehmung", wodurch nur das gesehen wird, was gesehen werden will. So ist hierzulande in Bezug auf Russland der „starke Staat" mit mangelnder Demokratie und Humanität verbunden, sodass bei Terroranschlägen in Madrid Mitgefühl gezeigt, in Moskau jedoch das Versagen der Regierung angeprangert wird. (KRONE-SCHMALZ 2007, 32 f.) Eine Zuwendung zu China ist hingegen möglich, wo die antidemokratischen und antihumanistischen Gegebenheiten geduldet werden (ebd., 19). Bei den Russen fällt stetig der negative Pol ins Gewicht – Nationalismus – bei den Amerikanern hingegen ist dies der Patriotismus. Aussagen über die Nützlichkeit der Anschläge in Moskau für Putins Politik sind in Ordnung, die Legitimation des Präventionskriegs, die Bush aus den Anschlägen von 9/11 zog, wurde jedoch weniger fokussiert. Die georgischen Hintergründe waren bei der Parteilichkeit im russisch-georgischen Krieg nahezu irrelevant, weil man auf die Gaspipeline Baku-Ceyhan angewiesen war. Ebenso gewertet wurden die Wahlergebnisse: Bei 95 % der Einwohner Čečnjas, die beim Referendum von 2003 für den Verbleib in der RF stimmten, wurde von einem Betrug ausgegangen; bei 96 %, die für einen neuen Präsidenten in Georgien 2004 stimmten, war es hingegen anders. Bei seinem Besuch 1997 in Neuseeland, das durch seine Reformpolitik Aufsehen erregte, sprach sich Kohl für diese Entwicklung aus, betonte jedoch, dass dies nicht so einfach auf Deutschland übertragen werden könne. Eine solche Differenzierung und Beachtung der individuellen nationalen Grundlagen wird Russland aber nicht zugestanden. (ebd., 34 ff.)[37] Dies zeigt das immer noch bestehende Feindbild, das Verharren in alten Mustern und das ideologische Denken.

Ein Beispiel aus der Zeit Gorbačëvs ist die Landung Rusts in Moskau. Die Medien zeichneten ein Bild einer betrunkenen sowjetischen Luftabwehr. Was

---

[37] KRONE-SCHMALZ hat mit weiteren Beispielen ein ganzes Kapitel gefüllt, das die zweifelhafte Bewertung zeigt: „Zweierlei Maß" in ebd. 2007, 31–50.

wäre denn geschehen, wenn das sowjetische Militär Rust abgefangen, wenn nicht sogar militärisch eliminiert hätte, was dem Feindbild der damaligen Zeit wohl eher entsprochen hätte? Dass dies nach dem Abschuss des südkoreanischen Flugzeuges im Jahr 1983 nicht mehr vorstellbar war (GAVRILOVA 2005, 105), blieb unbeachtet. Gorbačëv zog daraufhin die Konsequenzen und entließ Teile der ‚altkommunistischen' Militärführung. Die ambivalente Deutung dessen, zum einen der Fortschritt, dass Gorbačëv die alte Militärführung absetzte, die zum anderen jedoch gegen eine Abrüstung war, ist verwirrend und grotesk zugleich. Bei einem Versagen einer Abwehr (wenn man in diesem Fall davon sprechen kann) genau diejenigen zur Verantwortung zu ziehen, die eine Aufrüstung befürworten, wirkt geradezu paradox.

Ein weiterer Punkt ist das Verhältnis von Staat- und Privateigentum. GAZPROM gehöre neben 51 % staatlicher Beteiligung auch ausländischen Unternehmen, wie dem deutschen Energiekonzern E.ON mit 5 %. Das Augenmerk liegt jedoch bei Putins Machtgier (SEIFERT 2008, 110). Putin wollte nicht, dass das Geld ins Ausland geht, was in anderen Ländern ebenso der Fall ist. In den 1990er-Jahren wurden die Oligarchen noch angeprangert. Im Falle der Verhaftungen von Gusinkij und Chodorkovskij schlug man sich auf die Seite derselben, denen man zuvor noch widerrechtliche Aneignung von Privateigentum vorwarf.

Die Privatisierung vollzog sich auch unter ausländischer Beratung und in Bereichen, die in anderen westlichen Ländern noch voll oder teilweise staatlich sind (BRANDT 2012, 11). Die Medien wurden ebenfalls privatisiert, deren Besitzer dafür sorgten, „dass die eigene Rolle außerhalb der kritischen Berichterstattung blieb" (ebd., 12). Auch unter El'cin gab es schon keine Pressefreiheit, doch da man mehr oder weniger pro El'cin war, wurde darüber hinweggesehen, anders als bei Putin. Die Liste „unnatürlicher Todesfälle von Journalisten" der Glasnost Defense Fundation seit 1991 zeigte schon unter El'cin 96 Todesfälle. Unter Putin waren es bis 2006 92 (KRONE-SCHMALZ 2007, 83 ff.).

Vorwürfe der widerrechtlichen Zentralisierung unter Putin und angebliche Verfassungsbrüche unterliegen im internationalen Recht dem „Prinzip der Nichteinmischung in die inneren Angelegenheiten anderer Staaten" (SEIFERT 2008, 111). Darüber hinaus wurde im Falle Litvinenkos die Nichtauslieferung des Mordverdächtigen an Großbritannien kritisiert, jedoch beinhaltet die deutsche Verfassung eben dasselbe Gesetz (ebd., 112). Zudem wurde unter El'cin eine gelenkte Demokratie zeitweise geduldet, teilweise sogar erwünscht, um die chaotischen Zustände in den Griff zu bekommen, mehr jedoch, um keine westlichen ‚Gegner' wie Žirinovskij an die Macht kommen zu lassen. Das ist zum einen nicht nur undemokratisch, zum anderen auch paradox, wenn man Putin eine gelenkte Demokratie nach der El'cin-Zeit in Hinblick auf die gesellschaftlichen und wirtschaftlichen Folgen absolut absagt.

Die Personifizierung der Politik wurde bei El'cin ebenso deutlich wie bei Gorbačëv. Der Unterschied war jedoch, dass über El'cins kommunistische Vergangenheit fast nie gesprochen wurde, was bei anderen Politikern jedoch durchaus wichtig erschien (KRONE-SCHMALZ 1994, 18): „Wir hielten [...] Gaidar alleine schon deshalb für einen fähigen Politiker, weil er nicht kommunistisch vorbelastet war, und stilisierten ihn zum Garanten einer Wirtschaftsreform hoch, die den Begriff soziale Marktwirtschaft nun wirklich nicht verdient." (ebd., 19) Das wiederholt sich in ähnlicher Form bei Medvedev und Putin und der KGB-Verbindung, die direkt zu einer Abwertung führt.

Der Untergang des Atom-U-Boots Kursk im Jahr 2000 war das Symbol des Untergangs der einstigen Weltmacht Sowjetunion. Die UdSSR bestand schon lange nicht mehr, und das wurde in den Medien auch so verbreitet: Man braucht keine Angst mehr vor einer sowjetischen Invasion zu haben, denn sie gibt es nicht mehr. Und nun – fast ein Jahrzehnt später – geht sie erneut zum letzten Mal unter? Durch den Zerfall der UdSSR verlor auch der Warschauer Pakt, das Militärbündnis des einstigen Ostblocks als Antwort auf die NATO, seine Bedeutung. Das westliche Militärbündnis besteht jedoch nach wie vor und die neuen NATO-Länder der Osterweiterung behielten nach ihrem Beitritt das sowjetische Kriegsutensil.

Die politischen Systeme beider Länder sind unterschiedlich, jedoch sind der deutsche Bundeskanzler (Regierungschef) und der russische Präsident (Staatsoberhaupt) faktisch die mächtigsten Amtsträger ihres jeweiligen Staates. Die Verlängerung der Amtszeit in der RF wurde als Schritt in Richtung Autokratie gewertet, während in Deutschland eine unbeschränkte Wiederwahl möglich ist. Die Ost-West-Problematik zeigt sich auch an dem ‚eigenen' Beispiel der deutschen Wiedervereinigung und den oftmals betonten kulturellen Differenzen von Ost- und Westdeutschland. Der RF, einem weitaus größeren Land mit einer größeren ‚Distanz' zum Westen, wird jedoch weder eine eigene Entfaltungsmöglichkeit noch ausreichend Zeit eingeräumt.

Zum Thema der Doppelmoral gehört auch die Tatsache, dass die Medien generell Partei für Čečnja oder auch Georgien ergriffen und damit die ebenso vorhandenen Übergriffe auf andere Ethnien, vornehmlich Russen, verschwiegen, geradezu negierten. Wie abhängig solche Bewertungen von der eigenen Einstellung sind, zeigt sich auch daran, dass die russischen Maßnahmen im Zweiten Čečnja-Krieg durch die Anti-Terror-Gemeinschaft nach 9/11 plötzlich ihre Legitimation fanden, auch wenn die Menschenrechtsverletzungen bis zu seinem Ende 2009 die deutsche Berichterstattung überschatteten.

Čečnja war jedoch einer der wenigen Schauplätze außerhalb des westlichen Teils der RF um Moskau und Sankt-Petersburg, der in den Medien seinen Niederschlag fand. Größtenteils wurden andere Gebiete und Ethnien aus der Berichterstattung ausgeklammert. Die *russländische*/sowjetische Bevölkerung übernahm dabei eine entscheidende Funktion und wurde – trotz ihrer ethnischen Vielfalt – immer homogen in das dichotome Konzept überführt.

***

Während in der Regel im medialen Russlanddiskurs negative Stereotype gebildet werden, verdeutlichen konstruktive Metaphern über Gemeinschaft und Freundschaft den Wunsch nach transnationalen Beziehungen (MAKULKINA 2013, 205). Hierbei ist deutlich zu erkennen, wie die eigenen Einstellungen auf den anderen projiziert werden: Die negativen politischen Metaphern in Bezug auf Putin und seine Regierung werden immer dann verwendet, wenn das System nicht mit den eigenen Werten des Westens zusammenpasst, diese allerdings als richtig betrachtet werden. Die Europäisierung wird jedoch – durch Anlehnung an westliche Prinzipien – als möglich erachtet. Die Sachverhalte werden gemäß dem Nullsummendenken nur in eine Richtung gedeutet, wodurch positive Aspekte seitens Russlands weniger und negative hingegen deutlich mehr Beachtung erhalten.

Das antikommunistische Feindbild wurde maßgeblich durch die Sowjetunion bestimmt (Antisowjetismus) und setzte sich zusammen aus sowjetischem

Expansionsstreben, dem Streben nach militärischer Überlegenheit und dem Totalitarismus[38] (WELLER 1992, 5 f.). Nach Gorbačëv wurde von einem Feindbildzerfall gesprochen, da sich die drei Komponenten in den westlichen Augen verringerten. Feindbilder sind jedoch sehr stabil und nur langsam abbaubar (ebd., 19). Ein Blick in die Geschichte zeigt, dass *russophile* Perioden für einen kontinuierlichen Abbau zu kurz waren (ZYKOVA 2014, 266).

Die drei Kriterien von Feindbildern verschwanden unter Gorbačëv nicht vollkommen. Seit El'cin wurden sie erneut in den Medien thematisiert und schlugen sich auch im Bewusstsein der Bevölkerung nieder. Während man jedoch bei El'cin eine Stabilisierung wünschte und ‚undemokratisches' Handeln seitens des Präsidenten teilweise legitimierte, zeigt die Entwicklung unter Putin und die schnelle Reaktivierung der Feindbilder von Expansionsstreben (in Georgien und zurzeit auch in der Ukraine), von Militär (Stützpunkte und mediale Schlagwörter wie *Kalter Krieg 2.0*) und von diktatorischen Bestrebungen (Menschenrechtsverletzungen und Čečnja), dass das Feindbild in Deutschland nach wie vor präsent ist und nicht überwunden wurde. Der Wandel der internationalen Ideologie nach 9/11 vermochte daran nichts zu ändern. Das politische Feindbild der Sowjetunion aus dem Zweiten Weltkrieg wurde zu einem medialen Tenor der deutschen Russlandberichterstattung.

[38] Diese können auf politischer Ebene für Außen-, Sicherheits- und Innenpolitik stehen (WELLER 1992, 16).

7 Manipulation der Medien durch Politik?

Ein im letzten Jahr für Aufsehen sorgendes ‚Enthüllungsbuch' eines sogenannten Insiders war *Gekaufte Journalisten* von ULFKOTTE. Dieser hatte lange Zeit bei der FAZ, bei Gruner+Jahr, ddp, im Axel-Springer-Verlag, bei Fernsehen und anderen Medienunternehmen gearbeitet und sei selbst Opfer eines übergeordneten, bislang im Verborgenen operierenden, Netzwerks geworden. Die Journalisten seien durch Elitennetzwerke gekauft und manipuliert, zudem subjektiv und proamerikanisch. Die Medien seien demnach propagandistische Formate, was auch bspw. die Medienanteile der DDVG (Deutsche Druck- und Verlagsgesellschaft) der SPD verdeutlichen würden. Beispiele solcher Netzwerke seien die Atlantik-Brücke, die Bilderberg-Konferenz oder auch der German Marshall Fund, die in einer proamerikanischen Gefolgschaft gipfeln.[39] Die Glaubwürdigkeit und Objektivität des Werkes ist jedoch fraglich, was einige rechtsextreme Äußerungen, die verworrene Darstellung seiner Argumentation wie auch die pseudorevolutionäre Enthüllung verdeutlichen. Dies zeigt, dass auch eine ‚Versteifung' auf die viel diskutierte Lügenpresse und den Anti-Amerikanismus möglich ist, von der es sich an dieser Stelle zu differenzieren gilt.

Die elitären Netzwerke wurden schon von anderen Autoren nachgewiesen. KRÜGER ging zuvor bereits in seiner Dissertation[40] auf die verschiedenen Netzwerke, Organisationen, Stiftungen und Denkfabriken (Think Tanks) sowie auf die Verbindungen von Journalisten und Publizisten wie auch Politkern ein.[41]

---

[39] Es sei angemerkt, dass KRONE-SCHMALZ nach eigenen Angaben selbst als Stipendiatin des German Marshall Fund in den USA war und die Zeit zur eigenen Recherche über die Waffenlobby nutzte (ebd. 2007, 38). Ihre Haltung gilt nicht als proamerikanisch. Zudem üben nach CHOMSKYS Propagandamodell die Anzeigekunden entscheidenden Einfluss auf die Medien aus. ULFKOTTE hingegen kritisiert, dass die Anzeigekunden regelrecht hintergangen und betrogen werden (ebd. 2014, 90).

[40] Vgl. dazu: KRÜGER, Uwe (2013): Meinungsmacht: der Einfluss von Eliten auf Leitmedien und Alpha-Journalisten – eine kritische Netzwerkanalyse (=Reihe des Instituts für Praktische Journalismusforschung, Bd. 9). Köln: Halem, (Zugl. Leipzig, Univ., Diss. 2011).

[41] Das Satireformat des ZDF *Die Anstalt* machte Schlagzeilen, als es in der Sendung vom 29.04.2014 auf die verflochtenen Netzwerke und Lobbyvereinigungen zwischen Politik und Journalisten einging und sich dabei namentlich auf Josef Joffe und Jochen Bittner (Zeit), Klaus-Dieter Frankenberger und Günther Nonnenmacher (FAZ) sowie auf Stefan Kornelius (SZ) bezog. Der Moderator Uthoff bezeichnete dies als „transatlantischen Swingerclub".

Die Autoren von *Wir sind die Guten* sehen es allerdings kritisch, immer von einer „Gehirnwäsche“ zu sprechen, da es auch sein könnte, dass nur diejenigen in solchen Netzwerken aufgenommen werden, „die schon vorher grundsätzlich mit dem beschriebenen Elitenkonsens übereinstimmen“ (BRÖCKERS; SCHREYER 2014, 136). Sie gestehen den Alpha-Journalisten trotz ihrer Nähe zu Politik und transatlantischen Vereinigungen auch Differenzierungsvermögen – wenn auch nur in einigen Fällen – zu.

„Wenn man internationalen Medienstudien glauben darf, dann werden mittlerweile 95 Prozent aller Informationen gezielt entwickelt, um Einfluss auszuüben.“ (KRONE-SCHMALZ 2007, 229) Der Kosovo mit dem Einsatz der deutschen Bundeswehr sei ein Beispiel für eine gezielte Manipulation der Öffentlichkeit (ebd., 231 f.). 2014 klagten die SPD-Länder gegen das ZDF, das eine zu große Parteinähe zur CDU zeigte. Das alles könnte auf eine Manipulation der Medien durch die Politik hindeuten, weshalb es sich hier anbietet, sich die politische Nähe der Medien genauer anzusehen.

Bittner und Joffe klagten daraufhin gegen das ZDF; die Klage wurde jedoch abgewiesen (SCHADE 2014). Dennoch ist der Beitrag in der ZDF-Mediathek [Stand 04.08.2015] nach wie vor gelöscht. Auf YouTube befindet sich noch der Ausschnitt.

7.1 Parteinähe der Verlage

Im Zeitraum von 1985 bis 1999 lieferten WELT und BILD bei Gorbačëvs Staatsbesuch deutlich mehr Beiträge als FR und SZ, „was eindeutig auf die Priorität der deutschen Frage in der redaktionellen Politik der Axel-Springer-Medien zurückzuführen ist“[42] (GAVRILOVA 2005, 234). Solch eine Aufmerksamkeit bekam das spätere Russland nur noch in Bezug auf den Čečnja-Krieg. Die Politik Adenauers (CDU) wurde unterstützt, die von Brandt (SPD) hingegen kritisiert, ebenso wie die sowjetische Deutschlandpolitik (ebd., 30). Kohl habe sich des Öfteren mit der BILD arrangiert, weshalb man von einer gegenseitigen Beeinflussung von CDU und WELT/BILD sprechen konnte (ebd., 236).

Als liberaler Gegensatz dienten SPIEGEL, SZ und FR. Sie zeichneten sich durch eine Nähe zur SPD aus (ebd., 53 f.). SZ und FR waren mehr an der RF interessiert, wobei die FR besonders die Wahlen 1993 mit den ‚guten‘ Ergebnissen der nationalistischen Partei LDPR (*Liberal'no-Demokratičeskaja Partija Rossii*) fokussierte, „was für eine links-gerichtete Zeitung [...] als eine katastrophale Erscheinung vorkommen dürfte“ (ebd., 235). Die FR und SZ sahen – anders als WELT und BILD – die SDI zunehmend kritisch. Auch der Vorfall in Černobyl′ und die Reaktionen auf das Goebbels-Zitat kurz vor den Bundestagswahlen verdeutlichten die unterschiedlichen Haltungen der Zeitungen (ebd., 236 f.).

Der Putsch 1991 und 1993, der Čečnja-Krieg, die Krisen und die Wahlen wurden von allen Zeitungen gleichermaßen kritisiert, wenn auch mit unterschiedlichem Ausmaß. Obwohl sie sich auf unterschiedliche Themengebiete

---

[42] Axel Springer war zusammen mit Hans Zehrer der Überzeugung, die Wiedervereinigung Deutschlands einleiten zu können. Im Austausch gegen die DDR sollte sich Deutschland aus militärischen Bündnissen heraushalten. BILD wollte er als Kommunikationsorgan zur Verfügung stellen und sich für bessere Beziehungen zur UdSSR stark machen. 1958 begab er sich nach Moskau zu einem Treffen mit Chruščëv, das ohne Erfolg blieb und zum Ergebnis nur den „aggressiven Antikommunismus“ von Springer hatte. Nach Springers Reise wurde die antikommunistische Haltung auch auf die anderen Zeitungen des Verlags übertragen. Nach seinem Tod und nach 1989, nach der „Auflösung ideologischer Gegensätze“, kam es zu einer politischen Mäßigung des Verlags. Trotz des auf den Sensationalismus eines Boulevardmagazins beschränkten Inhalts wurde Springer zum Experten der Sowjetunion erklärt. Die Dissidenten erhielten besondere Aufmerksamkeit, nicht zuletzt auch durch die Unterstützung der russischsprachigen Zeitschrift *Kontinent* durch den Springer Verlag. (GAVRILOVA 2005, 29 ff.)

fokussierten, blieb der Grundton der Zeitungen gleich. In den Editorials der FAZ und SZ zwischen 2001 und 2008 waren die Haltungen der Autoren ebenfalls meist kritisch und negativ (AHRENS; WEISS 2012, 166), obwohl beide unterschiedlichen politischen Spektren angehören. Das könnte zudem darauf hindeuten, dass sich die einzelnen Medien seit Putin nahezu anglichen und gleichermaßen werteten.

Ferner kann man die Parteinähe der Medien auch mit der eigenen Auffassung der Journalisten erklären, zumal der Einfluss der Verleger seit den 1980er-Jahren abgenommen habe (DITTMAR 2011, 111 f.). Dafür spricht auch die politische Überzeugung der Politikjournalisten. In einer Studie der FU Berlin 2009 wurden Einstellungen und Merkmale von ca. 1000 Politikjournalisten in verschiedenen Medienformaten durch einen Online-Fragebogen analysiert. Der Großteil der Politikjournalisten sah sich selbst als parteilos (36,1 %), gefolgt von 26,9 %, die sich als Anhänger der Grünen sahen, und Anhängern von SPD (15,5 %), CDU/CSU (9 %), FDP (7,4 %) und der Linken (4,2 %). (LÜNENBORG; BERGHOFER 2010, 13) Die unterschiedlichen politischen Tendenzen sind nicht explizit und könnten durch die Vielfalt wieder ausgeglichen werden. Die Studie bestätigt aber eine kleine überwiegende Mehrheit an *mehr* oder *eher* linksorientierten Politikjournalisten, wobei sich im Verhältnis mehr zur SPD oder den Grünen bekennen als zur CDU, die eigentlich die deutlich russlandkritischere Partei ist. Das mediale Russlandbild war aber auch in Zeitungen des linken und sozialdemokratischen Spektrums eher negativ. Zudem zeichnet sich trotz der Parteinähe einiger Medien ein nahezu ähnliches Bild ab, was sich nicht nur mit der politischen Färbung der Medientitel erklären lässt.

Teil III

8 Die (west-)deutsche (Sowjet-/)Russlandpolitik 1985–2012

Eine genaue Analyse würde an dieser Stelle zu weit gehen, soll jedoch anhand der verschiedenen Regierungschefs und der politischen Tendenzen kurz aufgezeigt werden.

Nach dem Zweiten Weltkrieg wurde die Bundesrepublik Deutschland in den 1950er-Jahren in die westliche Allianz und im Anschluss in die EU und die NATO integriert (KRUMM 2012, 123). Gegen die ‚Politik der Stärke' bekräftigte sich durch Egon Bahr in den 1960er-Jahren die Forderung nach einem „Wandel durch Annäherung"[43]. In den vergangenen Jahrzehnten nach dem Fall der UdSSR standen die deutsch-russischen Beziehungen ganz im Zeichen der Partnerschaft und der Modernisierung oder auch Europäisierung Russlands. Heute gibt es kulturelle Verbindungen (Petersburger Dialog) und verschiedene Partnerschaften, was deren Notwendigkeit, aber auch das Interesse beider Länder daran verdeutlicht.

Seit dem Ende des Zweiten Weltkrieges seien die großen Fragen beider Länder wie Territorial- oder ethnische Fragen geklärt. Beutekunst und die ethnischen Minderheiten spielen eine untergeordnete Rolle in der bilateralen Politik (ADOMEIT; BASTIAN; GÖTZ 2004, 2). Nach wie vor regeln jedoch die von den Besatzungsmächten und Westdeutschland geschlossenen Bündnisse die politische Diskussion, wenngleich Deutschland an einer friedlichen internationalen Kooperation interessierter sei. Durch die Zeit des deutschen Faschismus und die historischen Verbindungen zu Russland sei Deutschland dazu gezwungen, sich dem Konzept der Zivilmacht in außenpolitischen Fragen zu fügen. (CRUDOPF 2000, 12)

---

[43] Egon Bahr hielt 1963 in Tutzing die Rede „Wandel durch Annäherung" (BAHR 1963).

8.1 1982–1998 (Kohl)

Die Amtszeit Helmut Kohls (CDU) wurde von einer schwarz-gelben Koalition begleitet, deren politische Richtung mit konservativ-liberal, bürgerlich und Mitte-rechts beschrieben werden kann. Während Kohls Amtszeit war Deutschland fest in das westliche Bündnis (NATO) integriert. So wollte er zu Beginn der UdSSR die Stirn bieten und die eigenen nationalen Interessen klar vertreten. Bedingt durch Perestrojka und Glasnost' – vor allem mit der Hoffnung auf die deutsche Wiedervereinigung – änderte sich nach 1985 die ablehnende Haltung Kohls gegenüber Gorbačëv und seiner Politik. Dieser Prozess vollzog sich jedoch langsamer als in der Gesellschaft und den Medien.

Die sogenannte Männerfreundschaft mit Gorbačëv beabsichtigte Kohl auch mit El'cin weiterzuführen, die als „Saunafreundschaft"[44] bezeichnet wurde. Die deutsch-russischen Beziehungen standen nach dem Fall der UdSSR im Zeichen der Partnerschaft und der Europäisierung Russlands, wobei jedoch auch die Unterschiede, besonders in Bezug auf die Wertvorstellungen, deutlich wurden. Die deutsche Politik war sehr daran interessiert, nicht in einen erneuten Kalten Krieg zu fallen.

> „Поэтому все германские тексты по международным отношениям после воссоединения страны обязательно начинались с отсылки к конфликту между Востоком и Западом, прекращение которого и положило начало новой эры в мировой политике."[45] (DEVJATOV; KUŠNIR 2013, 45)

Die Deutschen sahen Parallelen zur Weimarer Republik, als die traumatischen Ereignisse des Ersten Weltkriegs die Politik in den Totalitarismus führten. Um die Situation nicht zu verschlimmern, wurden die Menschenrechtsfragen im Zusammenhang mit Čečnja daher nicht weiter politisiert. (ebd.) Unter El'cin stieg die Angst vor einer erneuten Grenzschließung Russlands (KRUMM 2012, 115 ff.). So war „in den 1990er-Jahren […] Russland für den Westen eher ein

---

[44] 1993 folgte Kohl einer Einladung El'cins zum Saunagang am Baikalsee. In dieser Atmosphäre sollte der russische Abzug aus Ostdeutschland besprochen und über mögliche Entschädigungen für die RF entschieden werden (ZAKHARINE 2007, 256).

[45] „Deshalb begannen nach der Wiedervereinigung des Landes unbedingt alle deutschen Texte über internationale Beziehungen mit einem Verweis auf den Konflikt zwischen Ost und West, dessen Beendigung auch den Beginn einer neuen Ära in der Weltpolitik legte." (ebd. [Übers. d. Verf.])

Sicherheitskonsument denn ein Sicherheitsproduzent, das heißt, die Sorge galt der Instabilität und dem Chaospotenzial“ (SPANGER 2005, 15). Als El'cin die Präsidentschaftswahl 1996 aufgrund der vorangegangenen innenpolitischen Ereignisse und der Destabilisierung des Landes absagen wollte, drängten vor allem die USA und ferner auch Deutschland auf deren Durchführung. Dies basierte weniger auf demokratischen Prinzipien als auf der Angst vor republikanischer Kritik und der Meinung, dass El'cin der bestmögliche Mann zur Durchsetzung westlicher Interessen in Russland sei. (FOGLESONG 2007, 210)

Die CDU-Politik galt als konservativ und stand nach dem Zweiten Weltkrieg der UdSSR wie auch der von Willy Brandt in den 1970er-Jahren begonnenen Ostpolitik kritisch gegenüber. Umso interessanter ist die Tatsache, dass es gerade Kohl war, „who started the trend of establishing close personal relations with Russian leaders“ (KRUMM 2012, 122 f.). Eine Einstellungsänderung konnte sich also auch im politischen Spektrum vollziehen.

Was zu Zeiten El'cins deutlich wurde, setzte sich weiter fort: Die politischen Beziehungen beider Länder wurden zunehmend stabilisiert und standen unter dem Aspekt der russischen Europäisierung. Die Medien hingegen entwickelten sich in die entgegengesetzte Richtung:

> „The reason for this was domestic politics: corruption, the brutal tactics of the army in Chechnya, the constant harassment of journalists, the social degradation of the masses and the enrichment of an elite minority. Gorbi-mania had faded and the reality of Russia in the late 1990s did not look promising.“ (KRUMM 2012, 119)

Unter Kohl wurde die deutsche Russlandpolitik in den 1990er-Jahren innenpolitisch aufgegriffen und zunehmend kritisiert, was jedoch ohne großen Einfluss auf die Politik blieb (ADOMEIT; BASTIAN; GÖTZ 2004, 1). Die Medien waren deutlich misstrauischer gegenüber Russland als die deutsche Regierung (SPANGER; ZAGORSKY 2012, 222), was erste Divergenzen von Medien und Politik anzeigt.

8.2 1998–2005 (Schröder)

Der für die deutsch-russischen Beziehungen besonders prägende deutsche Politiker war Gerhard Schröder (SPD), der 1998 Kohl im Amt des Bundeskanzlers ablöste und mit einer rot-grünen Koalition regierte, deren politische Ausrichtung dem sozialdemokratischen Mitte-links-Spektrum zuzuordnen ist.

Die deutsch-russischen Beziehungen unter Schröder standen anfangs noch unter dem Gesichtspunkt von „mehr demokratische[n] und rechtsstaatliche[n] Forderungen. Auch sah das deutsche außenpolitische Koordinatensystem, fest in den westlichen Strukturen verankert, bilaterale Avancen nur am Rande vor." (SPANGER 2005, I) Für Schröder war zu diesem Zeitpunkt Deutschlandpolitik gleich EU-Politik, in die es Russland zu integrieren galt (SPANGER; ZAGORSKY 2012, 225). Zu Beginn von Schröders Bundesregierung „rangierte Russland auf der außenpolitischen Prioritätenskala ganz unten und in der Kritik an der auf das tête-à-tête an der Staatsspitze verengten ‚Saunafreundschaft' zwischen Helmut Kohl und Boris Jelzin ganz oben" (SPANGER 2005, 1). Spätestens seit 2003 und der Ablehnung des militärischen Einsatzes im Irak durch beide Länder hatte sich diese Haltung jedoch geändert.

Die deutsch-russischen bzw. deutsch-sowjetischen Beziehungen wurden besonders durch das persönliche Verhältnis der Politiker bestimmt, was an der Männerfreundschaft zwischen Kohl und Gorbačëv sowie an der bekannten ‚Saunafreundschaft' mit El'cin deutlich wurde. Als Putin Präsident der RF wurde, hätte man von eher gemäßigten Beziehungen ausgehen können, zumal das rot-grüne Kabinett zuvor die persönliche Liaison Kohls scharf kritisiert hatte. Zwischen Schröder und Putin hielten sich bislang jedoch die stabilsten Beziehungen.

Zu den entscheidenden Faktoren bei dem Aufbau dieser Beziehung zwischen Putin und Schröder zählten neben ihren Persönlichkeiten auch die Möglichkeit der Verständigung in Schröders Muttersprache dadurch, dass Putin Deutsch spricht, und die emotionale Verbindung durch ihre familiären Verluste im Zweiten Weltkrieg, wodurch beide auf eine gemeinsame Auseinandersetzung mit der Vergangenheit bedacht waren. Besonders die wirtschaftliche Kooperation war für beide wichtig, und Schröder war „bekannt für seine Bereitschaft, um wirtschaftlicher Chancen willen moral-orientierte außenpolitische Positionen preiszugeben oder zumindest nicht öffentlich anzusprechen" (ADOMEIT; BASTIAN; GÖTZ 2004, 2). Der deutsche Pragmatismus der Russlandpolitik wurde damit zunehmend verstärkt und wandte sich vermehrt gegen eine gemeinsame EU-Politik.

Schröder hat die deutsch-russischen Beziehungen im Hinblick auf eine „strategische Partnerschaft" entscheidend geprägt. Er schuf vier Säulen, die noch heute die deutsche Russlandpolitik bestimmen. Zum einen gab es die wirtschaftliche Motivation. Nach wie vor ist Russland der wichtigste Energiepartner Deutschlands. (SPANGER; ZAGORSKY 2012, 230) In Sachen Wirtschaft verfolgten die politischen Eliten beider Länder ein kongruentes Ziel. Russland als Absatzmarkt und Energielieferant war für beide Länder eine positive und wichtige Konstante. Da Deutschland laut einiger Experten aber auch andere Bezugsquellen außerhalb Russlands nutzen könnte (ADOMEIT; BASTIAN; GÖTZ 2004, 2 f.), lässt sich die deutsche Russlandpolitik nicht allein mit den energietechnischen Fragen begründen.

Vielmehr war die strategische Partnerschaft wichtig für das internationale Geschehen in Bezug auf den Atomwaffensperrvertrag, die Bekämpfung des internationalen Terrors, den Klimawandel und die Vereinten Nationen. Deutschland wollte den Irak-Krieg nicht unterstützen und hoffte auf Zustimmung Frankreichs und Russlands. Damit zeigte sich die Bedeutung Russlands für Deutschland als unverzichtbarer Partner im politischen Weltgeschehen, was die Durchführung einer eigenen, von der NATO unabhängigen Politik ohne Isolation ermöglichen könnte. (SPANGER; ZAGORSKY 2012, 231 f.)

An dritter Stelle steht die deutsche Verantwortung gegenüber Russland aufgrund des Zweiten Weltkriegs. Zuletzt war und ist die Aufrechterhaltung der Stabilität Russlands aufgrund seiner territorialen Lage und den Beziehungen in Vorder- und Zentralasien für die transnationalen Beziehungen von großer Bedeutung. (SPANGER; ZAGORSKY 2012, 232)

Wie einflussreich die Vertrauensbasis zwischen Putin und Schröder war, wurde auch daran deutlich, dass Putin auf Bitte Schröders bei den Wahlen in der Ukraine 2004 nachgiebig reagierte (TIMMERMANN 2007, 108). Auch die EU-Osterweiterung 2004 schädigte das Bündnis nicht maßgeblich. Durch die Aussprache gegen einen Beitritt der Ukraine und Georgiens in westliche Allianzen festigte Deutschland seine Beziehung zu Russland. (SPANGER; ZAGORSKY 2012, 241) Die anfängliche Distanz Schröders zu Russland und der Vorgängerpolitik war einer engen Partnerschaft gewichen. „Die Kontinuität manifestiert sich folglich in der Diskontinuität, denn auch Helmut Kohl hatte 1983 die Regierung mit dem Anspruch übernommen, der Sowjetunion endlich die Zähne zeigen zu wollen.“ (SPANGER 2005, 1) Kohls Haltung wandelte sich jedoch und endete später in der bekannten ‚Saunafreundschaft‘ mit El'cin. Die Kontinuität bestand also aus den persönlichen Beziehungen und „deren Evolution, die nach frostigem Beginn jeweils in einer Allianz an der Staatsspitze und darin kulminierte, diese gegen allzu kritischen Druck aus den Gesellschaften beider Länder abzuschirmen“ (ebd.). Die Politik hatte sich gewandelt, und die energietechnischen Fragen spielten eine bedeutende Rolle in der Partnerschaft. Trotz der sich gleichzeitig verstärkenden aggressiveren EU-Politik war in Russland und Deutschland zudem auch eine Gemeinsamkeit bezüglich der wachsenden Kritik an den USA zu Zeiten Bushs zu bemerken (DEVJATOV; KUŠNIR 2013, 51).

Die Politik zu Zeiten Putins zeuge von einer konservativen bis „linkskonservativen“ Ausrichtung (ADOMEIT; BASTIAN; GÖTZ 2004, 4), in deren Mittelpunkt die russische Souveränität stehe. Trotz der verbreiteten Ansicht, Russland sei Teil Europas, werde die strategische Partnerschaft nicht als russische Integration in Europa, sondern als Kooperation verstanden. Dabei sei die Berufung auf die eigenen ‚russischen Werte‘, was die Unterordnung unter eine autoritäre Führung wie auch der Gemeinschaftsgeist verdeutlichen, von entscheidender Bedeutung. Das Problem dabei ist, dass für Deutschland und auch die EU diese gemeinsamen Wertvorstellungen gerade in Bezug auf die strategische Partnerschaft sehr wichtig sind. (ebd.) Tatsache ist, dass das Problem schon immer bei der russischen Innenpolitik lag, die sich, wenn auch nicht direkt auf das Verhältnis Schröder-Putin, so doch indirekt auf den Einstellungswandel der Deutschen auswirkte. Werte und Interessen sind untrennbar miteinander verbunden, weshalb sich die Politik Schröders auch den Vorwürfen der CDU zu stellen hatte, was jedoch weniger konstruktiver Kritik als der allgemeinen Rolle einer kritisierenden Opposition geschuldet war (SPANGER 2005, II). Ein „öffentlicher Brief“ vom 28.09.2004 von Politikern, Intellektuellen und Wissenschaftlern aus Amerika und Europa, der durch verschiedene Medien publiziert wurde, richtete sich an die EU- und NATO-Regierungschefs und drückte die Unzufriedenheit mit Putins Politik aus. In den USA erhielt der Brief großen Zuspruch und wurde von vielen unterzeichnet. In Deutschland hingegen wurden CDU- und Grünen-Politiker, die öffentlich diese Meinung vertraten und den Brief unterzeichneten, auch von den eigenen Reihen kritisiert. (ZYKOVA 2014, 128)

Mit der Fokussierung auf die Innenpolitik „schufen sie [die Medien] ein Gegengewicht zu den traditionell an guten Beziehungen zu Moskau interessierten Teilen der deutschen Politik und Wirtschaft wie z. B. dem Handel oder auch zu einzelnen einheimischen politischen Akteuren wie Gerhard Schröder“ (ZYKOVA 2014, 222). Die in den Medien teils auch als positiv betrachtete Stabilität sprach Schröder als Verdienst Putin zu und legitimierte somit seine Autorität, um sich gegen die deutschen kritischen Stimmen zu wehren (SPANGER; ZAGORSKY 2012, 232). Schröders Russlandpolitik wurde abfällig als „Schmusekurs“ bezeichnet (ADOMEIT; BASTIAN; GÖTZ 2004, 1). Im Vorfeld der Bundestagswahlen 2005 äußerte sich Schröder positiv zu den russisch-deutschen Beziehungen, die ihren Höhepunkt erreicht hatten (SPANGER 2005, I). In dieser Zeit waren die Meinungen in der Gesellschaft, aber vor allem in den Medien, deutlich kritischer. Sie sahen die Beziehungen als „fast kindlichen Freundschaftskult. Die schnöde Wirklichkeit bleibt ausgesperrt.“ (SPIEGEL 53/2004) Hierin einen Grund für Schröders Abwahl zu sehen, ist möglich, wenn auch fraglich.

Die innenpolitischen Entwicklungen Russlands wurden von den Medien stark kritisiert, während sich Schröder davon zu distanzieren versuchte und sich zu Putin und seiner Politik bekannte, was auch zu deutschen innenpolitischen Debatten führte. Schröder, wie auch bereits Kohl, musste sich dem Vorwurf der Verleugnung der durch die Gesellschaft und Medien wahrgenommenen negativen russischen Außen-, mehr aber noch Innenpolitik stellen. Verstärkt wurde dies durch die Probleme in der Ukraine, die Fälle von Chodorkovskij und Politkovskaja sowie die russischen Parlamentswahlen 2003, das Vorgehen in Beslan, Schröders Bezeichnung Putins als ‚lupenreinen Demokraten‘ 2004 und die zunehmende Machtzentralisierung Putins. Die sozialdemokratische Regierung verhielt sich in Bezug auf die demokratischen Werte in Russland also gar nicht so, wie man es hinsichtlich ihrer politischen Ausrichtung und ihres Selbstverständnisses hätte annehmen können.

8.3 Ab 2005 (Merkel)

2005 wurde Schröders Regierungskabinett durch Merkel (CDU) unter der Bildung einer Großen Koalition (*GroKo*) abgelöst. Im Bundestag erreichte die CDU/CSU nur 1 % mehr (35,2 %) als die SPD (34,2 %).

Merkel beendete den Kurs einer engen persönlichen Beziehung zum russischen Staatsoberhaupt wie auch den traditionellen Tripolitischen Dialog (Achse Paris-Berlin-Moskau) zwischen Deutschland, Russland und Frankreich, der unter El'cin, Kohl und Chirac begonnen und von Putin, Schröder und Chirac weitergeführt wurde (SPANGER; ZAGORSKY 2012, 233 ff.). Bei Merkel fehlte zum einen die persönliche Komponente im Verhältnis zum russischen Präsidenten. Zum anderen kritisierte sie Putins Innenpolitik und warnte vor den Konsequenzen (SPANGER 2005, 26). Diese Haltung deckte sich in großen Teilen mit der Ansicht der Medien.

Dennoch waren die russisch-deutschen Beziehungen, die von Medien und Gesellschaft beanstandet wurden, bei den Bundestagswahlen 2005 kein großes Thema. Nach der rot-grünen Koalition war die *GroKo* in ihrer Russlandpolitik kontinuierlicher und deutlich pragmatischer (SPANGER; ZAGORSKY 2012, 234). „Eine grundsätzliche *Abkehr* von der Ausrichtung Berlins auf strategische Partnerschaft mit Russland erfolgte jedoch nicht, vielmehr […] [stand sie] im Zeichen von Kontinuität." (TIMMERMANN 2007, 109 [Herv. i. O.]) Gründe dafür waren zum einen die „vielfachen, weit stärker als bei Rot/Grün ausgeprägten Querverbindungen und interessengeleiteten Interaktionen zwischen dem konservativ-liberalen Lager und der stark russlandbezogenen Wirtschafts- und Finanzwelt" (ebd.). Zudem war die SPD in der *GroKo* noch stark vertreten. Neben der politischen und wirtschaftlichen Konvergenz der beiden Länder zeigten die demokratischen Werte zunehmend deutliche Ungleichheiten. Diese wertebedingten Divergenzen wurden auch im politischen Diskurs aufgegriffen, wenn auch „ihre mangelnde Implementierung […] kein grundsätzliches Hindernis für die Realisierung *gemeinsamer Interessen*" (ebd., 122 [Herv. i. O.]) war. Die Substanz der Politik änderte sich nicht, weswegen man annehmen könnte, dass „the ‚soft' objectives of democracy promotion" weniger von Bedeutung sind als „the ‚hard' interests" (SPANGER; ZAGORSKY 2012, 235). Die strategische Partnerschaft impliziert vielmehr Wirtschaft und Sicherheit und nicht die Übereinkunft der Werte (ebd., 236). Merkel änderte jedoch das Klima der (privaten) Investitionen unter Putin besonders nach der Jukos-Affäre (ebd., 223).

Durch Medvedev kam es zu einer leichten Verbesserung des Images, da auch Merkel persönlich positiver auf ihn als auf Putin gestimmt war (ebd., 234). Merkel wollte offensichtlich weg von den persönlichen Beziehungen mit Putin. Auch mit Medvedev änderte sie diesen Kurs nicht und versuchte die Treffen mit dem nun amtierenden Ministerpräsidenten Putin zu reduzieren, „um zu signalisieren, dass sie ein ‚neues, modernes‘, und kein ‚altes, putinisches‘ Russland unterstützt“ (MAIJSTER 2013, 25 [Übers. d. Verf.][46]). Die Verschlechterung der Beziehungen zwischen Ost und West führte zu einem Schwinden des ‚Strategischen‘ in der gemeinschaftlichen Maxime, wonach nun die Rede von einer „modernisierten Partnerschaft“ war. Medvedev wollte man somit willkommen heißen und zu Reformen ermutigen. Nach dem Kaukasus-Krieg verschwand jedoch auch diese Hoffnung. (SPANGER; ZAGORSKY 2012, 231) Nach dem Machtwechsel in den USA 2009 fügte sich die deutsche Politik vermehrt wieder westlichen Allianzen. Es ging jedoch weniger um eine Isolation Russlands, sondern um die Notwendigkeit gemeinsamen Arbeitens zur Durchsetzung der eigenen Ziele. (DEVJATOV; KUŠNIR 2013, 51) Im Wahlkampf 2009 spielten die russisch-deutschen Beziehungen erneut keine große Rolle (SPANGER; ZAGORSKY 2012, 223 ff.). Merkel wurde in ihrem Amt als Bundeskanzlerin bestätigt, führte diesmal aber ein schwarz-gelbes Kabinett an.

Wieder waren es auch die innenpolitischen Probleme Russlands, die die Beziehung beider Länder überschatteten. „Es ist dieser [russische] Kontrast zur Zivilmacht, der bis heute den politischen Diskurs in Deutschland prägt, denn er bietet der Kritik an der regierungsamtlichen Praxis und ihrer Betonung gemeinsamer Interessen einen unmittelbar plausiblen programmatischen Anker.“ (SPANGER 2005, III) Die Kritik der deutschen Zivilgesellschaft an den innenpolitischen Entwicklungen in Russland spiegelt sich auch in der deutschen Politik seit der Mitte der 2000er-Jahre wider und bildet den größten Störfaktor in den bilateralen Beziehungen (SPANGER; ZAGORSKY 2012, 243 f.). An dieser Stelle

[46] „[…] чтобы дать сигнал о том, что она поддерживает ‚новую, современную‘, а не ‚старую, путинскую‘ Россию.“ (ebd.)

könnte angenommen werden, dass die Politik zunehmend durch die Öffentlichkeit beeinflusst wurde.

Merkels Russlandpolitik war deutlich realer als Schröders Pragmatismus. Nach diesen Entwicklungen zeigt sich eine realistischere und weniger emotionale Auffassung von Russland (KRUMM 2012, 123). Seit 1990 hat sich der Westen jedoch gegen einen radikalen Wandel in der Russlandpolitik gestellt (BRIE 2012, 161 f.). Mit der Ernüchterung der 1990er-Jahre und der leichten ‚Enttäuschung' von Medvedevs Modernisierung, die sich auch in der Politik bemerkbar machte, kann auch die gegenwärtige Einstellung gegenüber Putin erklärt werden, die sichtbar distanzierter und kritischer ist. 2013 wurde Merkel erneut mit einer Großen Koalition Bundeskanzlerin. Merkels Erfahrungen der ersten Amtsjahre haben sie weniger auf den Weg der gewollten Europäisierung und Demokratisierung Russlands nach westlichem Vorbild gebracht. Noch ist nicht zu sagen, ob die Regierung von einer gemeinsamen Zukunft mit Russland ausgeht. Die Ereignisse in der Ukraine, der überlegte Boykott der Olympischen Spiele in Soči und der rasche Ausschluss Russlands von den G7-Treffen (vormals G8) weisen in eine andere Richtung. Eine wichtige Konstante bilden nach wie vor die wirtschaftlichen Kooperationen[47] beider Länder.

Der Kabinettwechsel unter Merkel (schwarz-rot und schwarz-gelb) ließ keine merklichen Wendungen in der deutschen Russlandpolitik erkennen. Das persönliche Verhältnis Merkels zum russischen Präsidenten war differenzierter, wenngleich eine vermehrte Sympathie zu Medvedev deutlich wurde. Dies deckt sich auch mit den Medien und der öffentlichen Meinung, die in Medvedev einen Modernisierungsfaktor sahen. Tendenziell kann man eine deutlichere Konvergenz von Medienmeinung und Politik in den Jahren Angela Merkels erkennen, wobei die Medien negativer waren und sich Merkels Politik von den Jahren Kohls und Schröders nur in der persönlichen Komponente unterschied. Die Entwicklung der gegenwärtigen Ereignisse wird zeigen, wie weit ein tiefes Bündnis durch ‚Männerfreundschaften'[48] gefestigt werden konnte. Das lässt

[47] Es zeige sich jedoch auch bei der Wirtschaft eine zunehmende Problematik des nicht konvergenten (Werte-)Systems (VIŠNEVSKAJA 2013, 226).

[48] Der Gender-Aspekt ist wahrscheinlich weniger ausschlaggebend für die Abkehr vom Kurs der persönlichen Beziehungen als die generelle Einstellung Merkels.

zudem die Frage zu, ob die Politik von Merkel, bzw. der CDU generell, näher am Verständnis der Medien, bzw. der deutschen Gesellschaft ist.

***

Zu Beginn von Kohls Amtszeit wurden die deutschen Beziehungen zur UdSSR vor allem von der deutschen Frage bestimmt. Nach dem Fall der UdSSR standen die russisch-deutschen Beziehungen unter dem Aspekt der ‚strategischen Partnerschaft'. Unter Schröder war es vor allem der (Neo-)Realismus, der die Beziehung zu Russland im Sinne der deutschen Interessenvertretung sah. Diese Tendenz wurde unter Merkel fortgesetzt, was jedoch für die Russlandpolitik eine weniger enthusiastische und mehr pragmatische Richtung bedeutete. Bei dem deutschen Veto zur Teilnahme am Irak-Krieg machte sich das Konzept von *balancing* oder *bandwagoning*[49] bemerkbar, wonach sich Deutschland für die russische Haltung bei gleichzeitiger Konfrontation der USA oder für den großen Verbündeten entscheiden musste. (SPANGER; ZAGORSKY 2012, 224 ff.) Eigeninteresse (Politik) und Werte (Gesellschaft) waren immer gegeneinander vertreten, wobei Letztere nicht zu unterschätzen sind (KRUMM 2012, 123).

Ergänzt wurde die Partnerschaft um die liberale Perspektive, die den Ansatz von Unabhängigkeit mit Fokussierung auf wirtschaftliche Beziehungen verfolgt. Danach war die deutsch-russische Partnerschaft besonders vielversprechend. Kritik an Russland und den demokratischen Defiziten, besonders in Hinblick auf Čečnja, wurde zwar öffentlich thematisiert, hatte aber kaum Einfluss auf die Politik und zeigt lediglich die innerdeutschen Machtverhältnisse, nicht aber die Besonderheiten der nationalen Interessen Deutschlands. Die liberale und die realistische Theorie sind rationalistischer Art, und orientieren sich an Kosten und Nutzen sowie Macht und Reichtum. Dazu kam die konstruktive Komponente, bei welcher i. d. R. die Werte, Normen und Ideale die Außenpolitik bestimmen. Multilaterale Beziehungen und die Lösung von Konflikten und Krisen sind dabei für eine Zivilmacht wie Deutschland prägend, was sich an der rot-grünen Politik jedoch nicht zeigte. Dass die Zivilmacht an ihre Grenzen stieß, verdeut-

[49] *Balancing* bezeichnet das Prinzip des Ausgleichs gegen eine Hegemonialmacht, welches das Abwägen von eigenen Interessen, Risiken und den Zielen in der internationalen Politik beinhaltet. Im Gegensatz dazu steht *bandwagoning*, der Anschluss an die Partei mit dem vermutlich größten Machpotenzial.

lichte sich an der Teilnahme der militärischen Intervention in Jugoslawien und Afghanistan aus Loyalität zu den Verbündeten (Multilateralismus), während sie mit dem Irak-Veto auf Krisenmanagement plädierte. Des Weiteren hatte Deutschland hinsichtlich Russlands eine besondere Schuld (Verluste der UdSSR im Zweiten Weltkrieg), was auch für Schröders Politik entscheidend war. (SPANGER; ZAGORSKY 2012, 227 f.)

Im Realismus liegt das Augenmerk auf der Vertretung der eigenen Interessen, was Machtausübung in den verschiedensten Formen legitimieren kann. Die russische Außenpolitik ist auf den Realismus eingestellt, während in Deutschland verschiedene Strömungen miteinander konkurrieren. (MAKARYČEV 2013a, 35 f./ 2013b, 264 f.) Der Konstruktivismus begreift die Werte als entscheidende Faktoren. Im Liberalismus bleiben sie auf inländische Auseinandersetzungen beschränkt, was sich auch an Deutschland zeigt (SPANGER; ZAGORSKY 2012, 229). Demnach basieren die deutsch-russischen Beziehungen auf Sicherheit, Gesellschaft und Wirtschaft, bedingt durch politische und wirtschaftliche Interessen sowie historische Komponenten, weniger durch demokratische Werte. In den Medien hingegen waren die Werte von großer Bedeutung.

‚Pragmatismus' und (strategische) ‚Partnerschaft' sind die Schlagwörter der deutschen Russlandpolitik der vergangenen Jahre. Es wird hier sehr deutlich, dass zum einen die russisch-deutschen Beziehungen bis Mitte der 2000er-Jahre von dem persönlichen Verhältnis der Politiker zueinander geprägt waren. Wenngleich Merkel sich davon distanzierte, blieben die Grundpfeiler der Politik bestehen. Zum anderen glichen sich zu Anfang die kritischen Haltungen zu Amtszeiten Kohls und Schröders zu den russischen (bzw. sowjetischen) Politikern, wandelten sich jedoch in die entgegengesetzte Richtung. Zudem lässt sich dabei keine Tendenz einer gewissen Russophilie in bestimmten Parteien erkennen. Demnach bedingen andere Faktoren als das rein parteipolitische Verständnis die bilateralen Beziehungen.

Allerdings verschieben sich laut BATHON die generellen Sympathien zunehmend. In den 1990er-Jahren war die politische Linke für russisch-deutsche Beziehungen, deren Aufbau und Förderung bekannt. „Von der neuen Ostpolitik bis zu den Schröder-Jahren stammen die engeren Kooperationspartner, die sich auch ‚trauten', für eine Zusammenarbeit mit Russland einzustehen, stets aus diesem Spektrum – auch nach dem Ende der Sowjetunion." (ebd. 2014) Dies habe sich jedoch geändert. Die konservativen und rechten Parteien würden sich vermehrt zu Russland und gegen die USA bekennen, während sich die linken Parteien zunehmend von Russland distanzieren würden (ebd.). Bleibt man bei der Tatsache, dass die CDU/CSU mehr dem konservativen Spektrum angehört, haben sich hier in letzter Zeit keine russophilen Tendenzen aufgetan. Ebenso war Kohl einer engen Partnerschaft, als die CDU noch weniger Sympathien mit Russland hegte, nicht abgeneigt, die SPD wiederum entgegengesetzt.

Interessant ist zudem, dass sich die Medien nicht gleich verhielten wie die Politik. Die Medien begegneten Gorbačëv weitaus euphorischer, während Kohl einige Zeit brauchte, bis er mit dem letzten Staatsoberhaupt der UdSSR sympathisierte. Während die Medien in den 1990er-Jahren das Bild von chaotischen Zuständen, Mafia, Kriminalität und einem trunkenen El'cin zeichneten, festigte Kohl sein persönliches Verhältnis. Eine Begründung dafür könnte in der von den Medien ebenfalls angesprochenen Tatsache liegen, dass man sich mit diesem besseren ‚Übel' arrangieren musste. Als die Medien – wenn auch mit einer gewissen Distanz – Putins Amtsantritt nach scheinbarem Chaos und Anarchie begrüßten, wollte Schröder sich von der ‚Saunafreundschaft' abgrenzen. Als die innenpolitischen Zustände und die Machtvertikale Putins die Medien prägten und die Ereignisse bspw. in Čečnja scharf kritisiert wurden, baute Schröder seine persönlichen und auch außenpolitischen Beziehungen zu Russland weiter aus und übte sich in der Öffentlichkeit in Zurückhaltung. Lediglich bei Merkel scheint sich diese Differenz von Medien und Politik einzupendeln, wenngleich sich auch zeigt, dass Außenpolitik und Wirtschaft, nicht aber die Werte, nach wie vor die treibenden Faktoren in der deutschen Russlandpolitik sind, die sich gegen die Meinung der Öffentlichkeit stellen.

9 Das Fremdbild der deutschen Gesellschaft

Der tatsächliche mediale Einfluss auf eine Gesellschaft ist nur schwer messbar. Erst in letzter Zeit wurde in Bezug auf Russland vermehrt auf die Wahrnehmung Russlands durch die Medien eingegangen. Umfragen spielen bei der Ermittlung und der Messung der Meinungen und Einstellungen der Bevölkerung eine entscheidende Rolle. Es ist jedoch wichtig, darauf zu achten, dass Umfragen manipulierbar sind. Dies geschieht nicht unbedingt nur auf direkte Weise, sondern auch Fragestellung, Antwort- und Auswahlmöglichkeiten können das Ergebnis beeinflussen. Veröffentlichungen von Meinungsumfragen können aber auch dazu genutzt werden, um Meinungen zu lenken. Dadurch, dass das Individuum durch die Medien die ‚öffentliche Meinung' erfährt, läuft es Gefahr, sich selbst der mehrheitlichen Meinung anzuschließen.

In Zeiten von Perestrojka und Glasnost′ zeigte sich, dass eine gewisse Konformität zwischen Medien und Gesellschaft vorhanden war. In den 1980er-Jahren war die Gesellschaft vor allem im Westen in Hinblick auf die deutsche Wiedervereinigung positiv gesinnt. 1988 sahen nur noch 11 % die Sowjetunion als den Weltfrieden bedrohend, im Vergleich zu 1980 mit 71 %. (WELLER 1992, 7) Es zeigte sich nicht nur ein Sympathiewandel der Deutschen für Gorbačëv im Gegensatz zu Brežnev, sondern auch ein gesteigertes Vertrauen in Gorbačëv (82,8 %) im Gegensatz zu westlichen Staatschefs (Reagan: 53,5 % und Kohl: 65,7 %). Auch den Russen generell wurde zunehmend Sympathie entgegengebracht. (ebd., 11 ff.) Die mediale ‚Gorbimanie' wurde demnach von der Gesellschaft getragen.

1996 sahen 51 % der Deutschen Russland als Weltmacht. 2000 sank diese Ansicht auf 37 %, stieg dann jedoch binnen eines Jahres auf 47 % und lag in den folgenden Jahren bei fast 40 %. 2008 sahen 62 % Russland erneut als Weltmacht. (KÖCHER 2008, 2[50]) 63 % glaubten der Allensbacher-Umfrage von 2008 zufolge bei einer Hinwendung Russlands zu Asien an eine gleichzeitige problematische Abkehr von Europa (ebd., 5). 43 % der Deutschen sahen Russland als

[50] Umfrage des Instituts für Demoskopie Allensbach in Zusammenarbeit mit dem Levada-Zentrum in Moskau.

kein europäisches Land an (ebd., 6). Bei den Deutschen fiel die Wahl der bedeutendsten russischen Persönlichkeiten auf politische Akteure wie Gorbačëv, gefolgt von Lenin und Putin (ebd., 13). Das politische Russlandbild der Medien spiegelte sich also auch hier im Bewusstsein der Bevölkerung wider. Eine Frage bezog sich bei der Umfrage explizit auf die Medien:[51] Eher positiv sahen 2008 nur 13 % der Deutschen die Berichterstattung über Russland, 19 % negativ und 61 % unterschiedlich. Die Russen hingegen sahen die Berichterstattung über Deutschland mit 56 % deutlich positiver. (ebd., 9) Hier wird deutlich, dass die deutsche Bevölkerung die Stabilisierung Russlands durch Putin mitbekommen hat, diesem jedoch sehr kritisch gegenüberstand. Innerhalb seines ersten Jahres bis zum Ende seiner zweiten Amtszeit als Präsident verstärkte sich die Ansicht von Russland als Weltmacht. Ebenfalls zu sehen ist, dass der Großteil der Deutschen – anders als die Russen – Russland nicht als ein europäisches Land ansieht. Die Gräueltaten der russischen Armee im Čečnja-Krieg, besonders in Bezug auf Groznyj, wurden in den Medien als ‚uneuropäisch' gewertet, was das Bild von Russlands ‚asiatischem Charakter' gefestigt oder hervorgerufen haben könnte. Dennoch zeigt sich im Bewusstsein der Deutschen auch Russlands Position als Bindeglied zwischen Asien und Europa und die Angst vor einem Scheitern der russischen Europäisierung. 2008 macht sich in der Erhebung von KÖCHER schon eine kritische Auseinandersetzung der Befragten mit der deutschen Berichterstattung bemerkbar. Bereits 2007 hatte eine Forsa-Umfrage zum Russlandbild der Deutschen ergeben, dass 86 % der Deutschen Interesse an Russland äußern und von der Mehrheit (84 %) Russland als vorurteilsbelastet empfunden wird; Nur 36 % sagten, dass die Berichterstattung über Russland objektiv und zutreffend sei (FORSA 2007, 1 ff.).

In einer Umfrage von Peter Brandt 2010 an der Hagener Fernhochschule wurden Studierende verschiedener Fachbereiche befragt. Die Umfrage ist aufgrund des schmalen Ausschnitts der Gesellschaft nicht besonders repräsentativ für die allgemeine Einstellung in der Bevölkerung, jedoch kann sie ein aufschlussreiches Bild der Russlandwahrnehmung geben. Die deutsch-

---

[51] *„Wenn Sie einmal daran denken, wie die Medien, also Fernsehen, Radio oder Zeitungen, über Russland/Deutschland berichten: Wie ist da Ihr Eindruck? Ist die Berichterstattung da eher positiv oder eher negativ?"*

russischen Beziehungen schätzten die meisten Befragten eher als positiv (70 %) und verhältnismäßig gut (48 %) ein. Deutlich wurden dabei das Verbundenheitsgefühl aus historischen und geografischen Aspekten sowie marktwirtschaftliche Überlegungen. Negativ fielen vor allem die unterschiedlichen Wertesysteme ins Gewicht wie auch die zu verbessernden Menschenrechte, Demokratie und Reformen sowie die Korruption in Russland. Ferner sahen 76 % die Aussöhnung als „noch nicht erreicht, es bleibt viel zu tun". Das deutsch-russische Verhältnis war 96 % wichtig für Europa. Auf die Frage des persönlichen Verhältnisses zu Russland antwortete die Mehrheit (44 %) mit: „Ich verfüge über keine Kenntnis der russischen Sprache, weiß auch sonst nicht sehr viel von Land und Leuten, wäre aber gern besser unterrichtet." 28 % standen „zu Russland in derselben Nähe und Distanz wie zu jedem anderen Land außerhalb Europas" und nur 14 % bezeichneten sich als Kenner von Sprache und Kultur. (KUSNEZOW; HORN 2012, 208 ff.) Die Bedeutung Russlands für Europa bei gleichzeitigem Zugeständnis von unterschiedlichen Wertvorstellungen und Verharren in den Klischees von Korruption und mangelnder Rechtsstaatlichkeit wurde auch hier deutlich. Viele betrachteten die Aussöhnung nach dem Zweiten Weltkrieg als noch nicht vollzogen und wollten mehr über Russland erfahren. Man könnte daher annehmen, dass das Bewusstsein für eine gescheiterte Auseinandersetzung mit Russland/ der UdSSR bei den Studierenden in erhöhtem Maße gegeben ist.

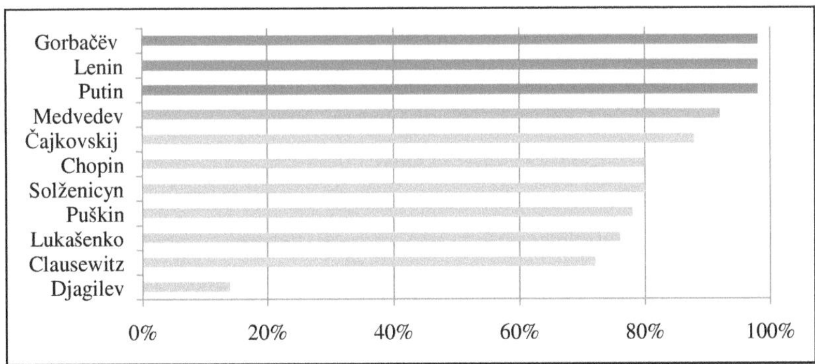

Abb. 5 Beurteilung der Hagener Studierenden zur biografischen Einordnung verschiedener Persönlichkeiten aus Geschichte und Gegenwart (nach KUSNEZOW; HORN 2012, 210)

Eine weitere Frage beinhaltete die biografische Einordnung von russischen und nicht-russischen Persönlichkeiten (Abb. 5). 98 % der Studierenden konnten dabei nach eigenen Angaben am besten Gorbačëv, Lenin und Putin biografisch einordnen (ebd., 210).

Es zeigt sich hier wie bei den Medien zum einen eine Tendenz für das politische Bewusstsein. Im Zusammenhang mit dem Wunsch nach mehr Informationen über Russland stehen nach den Politikern vor allem Künstler und Musiker oder auch andere nicht-russische Politiker. Zum anderen belegt dies die starke – westliche – Fokussierung auf Gorbačëv, was auf die Wichtigkeit der Person für das eigene Verständnis schließen lässt, wie auch schon die Allensbacher-Umfrage 2008 zeigte. Die Medien, einschließlich der seriösen Leitmedien, haben nicht nur zu Zeiten Putins eine sehr politische Berichterstattung gegeben, was sich auf die Meinungsbildung auswirken kann. Diese Studie ist insofern interessant, als es sich um eine Gesellschaftsschicht mit einem höheren Bildungsniveau handelt, die vermutlich sensationell und emotional bedingte Artikel, wie die der aufgrund der Meinungsmache stark kritisierten BILD-Zeitung, erkennen und hinterfragen kann. – Große Abweichungen von anderen Studien ergaben sich jedoch nicht, was die Vermutung zulässt, dass sich das Russlandbild in den unterschiedlichen Bevölkerungsschichten ähnelt.

Der angesprochene Medvedev-Faktor wirkte sich auch auf die deutsche Bevölkerung aus. Laut dem Pew Research Center erhielt Medvedev 2010 die größte Sympathie außerhalb Russlands (KUSNEZOW; HORN 2012, 199). Einer Forsa-Umfrage aus dem Jahre 2011 zufolge lag er nach Putin und Gorbacëv mit 39 % auf dem dritten Platz der bedeutendsten russischen Politiker. Putin hatte demnach mit 74 % Gorbačëv (50 %) hinsichtlich der herausragenden Bedeutung abgelöst. Geschätzt wurden dabei die stabile Situation und der hohe Lebensstandard (62 %) zu Amtszeiten Putins wie auch die generelle Entwicklung. (GÜLLNER 2011, 1) Auch die Beziehungen beider Länder wurden positiv bewertet, „obwohl die Berichterstattung der deutschen Medien über Russland von vielen (41 Prozent) als verzerrt und nicht objektiv gesehen“ und mehr „als kritisch und wenig freundlich beurteilt“ (ebd., 2) wurde. Das eher positive Medvedev-Image der Gesellschaft mag an der auf ihn gerichteten Hoffnung liegen. Ferner zeichnete sich 2011 bei der Bevölkerung schon deutlicher eine Kritik an den Medien ab. Vergleicht man die Ergebnisse allgemein mit der medialen Berichterstattung, so zeigt sich, dass die Medien zum Ende von Medvedevs Amtszeit deutlich kritischer gestimmt waren als die Gesellschaft und Medvedev nach anfänglicher Hoffnung als Marionette Putins bezeichneten. Neben den Gemeinsamkeiten des medialen und gesellschaftlichen Russland-Images zeigen sich bereits mehrere Unterschiede. Das lässt die Schlussfolgerung zu, dass eine Beeinflussung durch die Medien insoweit möglich ist, als sie ein Grundmenü bieten, aus dem die Mitglieder einer Gesellschaft jeweils individuelle Schlüsse ziehen können. Dass Putin 2011 als bedeutender Politiker angesehen wurde, kann zum einen daran liegen, dass die innenpolitische Stabilität und die der deutsch-russischen Beziehungen wahrgenommen wurden, zum anderen auch daran, dass Putin noch zu Amtszeiten Medvedevs in den Medien außergewöhnlich präsent war. Dabei muss ‚bedeutend' nicht generell einer positiven (oder negativen) Konnotation unterliegen. Wie schnell sich das Bild wandeln kann, zeigt folgende Studie:

Der in der FAZ veröffentlichte Artikel *Ein gefährliches Land* von KÖCHER 2014 auf Basis von Untersuchungen der Demoskopie Allensbach zeigt den Einstellungswandel der Deutschen gegenüber Russland in der Krimkrise (Abb. 6). Die kritische Haltung gegenüber Russland und seinem Staatsoberhaupt stieg seit der zweiten Amtszeit Putins stetig an (ebd., 8).

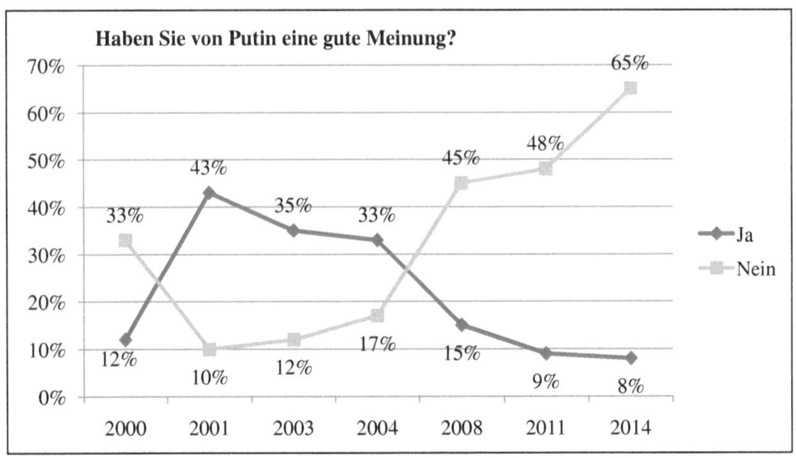

Abb. 6 Einstellungswandel der Deutschen zu Präsident Putin (KÖCHER 2014, 8)

Seit 2004 wuchs die Wahrnehmung Russlands als Weltmacht von 38 % (2008: 67 %) auf 68 % im Jahr 2014. Dabei sei die Stimmung während der Krimkrise vergleichbar mit jener von 2008 und dem Konflikt zwischen Russland und Georgien, wenngleich der Kaukasus-Krieg weniger im medialen Fokus lag. Russland wurde wieder als gefährlich angesehen, was sich auch auf die zwischenstaatlichen Beziehungen auswirkte. 2013 sahen 55 % diese noch in einem positiven Licht, wohingegen 2014 76 % von einem zerstörten Verhältnis ausgingen. (ebd.) Diese Tendenzen können ebenso mit oder durch die Medien bestätigt werden. Zudem zeigt die Studie durch die wachsende Annahme von Russlands Weltmachtstellung die Bedeutung Putins für Deutschland und andere westliche Länder. Die deutsche Gesellschaft wie auch die Medien waren während seiner ersten Amtsperiode positiver gestimmt.

Deutsche Politikexperten sahen bei einer Befragung keinen Imagewandel seit Medvedev (OLDEWAGE 2012, 172). Von Bedeutung bei der Bewertung des kontemporären Russlands waren – wie in den Medien – der Čečnja-Krieg und der russisch-ukrainische Gaskonflikt. El'cins und Putins Präsidentschaft wurden gleichermaßen ‚neutral' bewertet. Als bedeutende russische Persönlichkeit für das 20. Jahrhundert sahen 32 % Gorbačëv, gefolgt von Stalin mit 18 % (Abb. 7). Mit 63,6 % beurteilten die meisten das russische Medienimage in Deutschland negativ. Anders als bei der Allensbacher-Umfrage 2008 sah der Großteil den Ausbau asiatisch-russischer Beziehungen als unproblematisch und Russland als Teil Europas an. (ebd., 177 ff.) In diesem Punkt gingen die Expertenmeinungen und die Medien auseinander, was u. a. an der starken wirtschaftlichen Fokussierung der Politik und ihrer pragmatischen Ausrichtung liegen könnte.

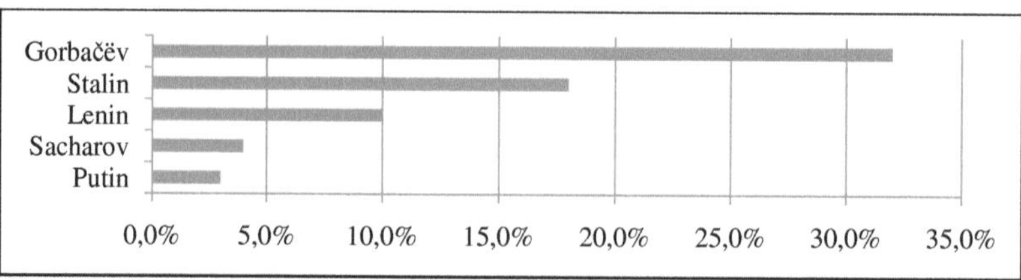

Abb. 7 Bedeutende ‚russische' Persönlichkeiten aus Sicht deutscher Politikexperten (nach OLDEWAGE 2012, 177)

Die Problematik bei der Auswertung verschiedener Umfragen wurde bereits angesprochen. Bei der Allensbacher-Umfrage 2008 war Gorbačëv eine der bedeutendsten russischen Persönlichkeiten, und auch die Hagener Studierenden konnten Gorbačëv 2010 am besten einordnen, was auf seine ausgeprägte Bedeutung für das westliche Bewusstsein schließen lässt. Bei der Forsa-Umfrage 2011 lag er jedoch hinsichtlich der Bedeutung hinter Putin, der bei der Datenerhebung von KÖCHER 2014 von fast der Hälfte kritisch gesehen wurde. Entscheidend sind auch hier wieder die Fragestellung und die Tatsache, dass ‚bedeutend' nicht immer im positiven Sinne verstanden werden muss. Der Vergleich der Studien macht die unterschiedliche Bewertung bspw. der Politikexperten, der Studierenden und des allgemeinen Bevölkerungsdurchschnitts deutlich, zeigt aber vor allem auch die Überlagerung der politischen Persönlichkeiten und der herausragenden Stellung von Putin und Gorbačëv im westlichen Bewusstsein. Ein weiterer interessanter Aspekt ist, dass die Hagener Studierenden mit großer Mehrheit an keine Aussöhnung nach dem Zweiten Weltkrieg glaubten, was jedoch von einigen Autoren und auch den Medien offiziell vertreten wird. Zudem lässt sich ausgehend von der Allensbacher-Umfrage 2008 keine klare Aussage über Russlands Zugehörigkeit zu Europa treffen. Diese ‚Zerrissenheit' zeigt sich auch in den Medien. Demgegenüber spricht sich eine überragende Mehrheit der befragten Politikexperten 2012 für ein europäisches Russland aus (Abb. 8).

Diese Haltung der Politikexperten kann erneut mit der wirtschaftlichen und pragmatischen Ausrichtung der deutschen Russlandpolitik begründet werden – dementsprechend ist Russland gerade aus wirtschaftlicher Sicht europäisch –, stellt aber eher eine Ausnahme dar. Tendenziell ließen die Studien erkennen, dass nach Auffassung der Deutschen Russland nicht Teil Europas ist. Diese Grundhaltung gegenüber Russland (bzw. der Sowjetunion) lässt sich mit der bereits erwähnten Auffassung von einem anderen Wertesystem erklären. Eine BBC-Umfrage 2010 bewertete demnach die negative „Einstellung der Befragten in Deutschland gegenüber Russland […] in diesem Zusammenhang nicht außerordentlich kritisch – sie ist typisch für ein europäisches Land."[52] (KUSNE-

[52] Unterteilt wurden die Bewertungen in zwei Kategorien: „a) eine sehr negative Haltung gegenüber Ländern, die teilweise als ‚Schurkenstaaten' bezeichnet werden (Nordkorea, Iran)

ZOW; HORN 2012, 199) Was die Aussage damit impliziert, ist eine Absage an die Zugehörigkeit Russlands zu Europa und die Verankerung Deutschlands in einem westlichen Kulturkreis. Das verdeutlicht eine tiefe Einstellung, die durch ein gemeinsames Wertesystem in einem Kulturraum geschaffen wird und sich nicht nur mit der medialen Beeinflussung in einem Land erklären lässt.

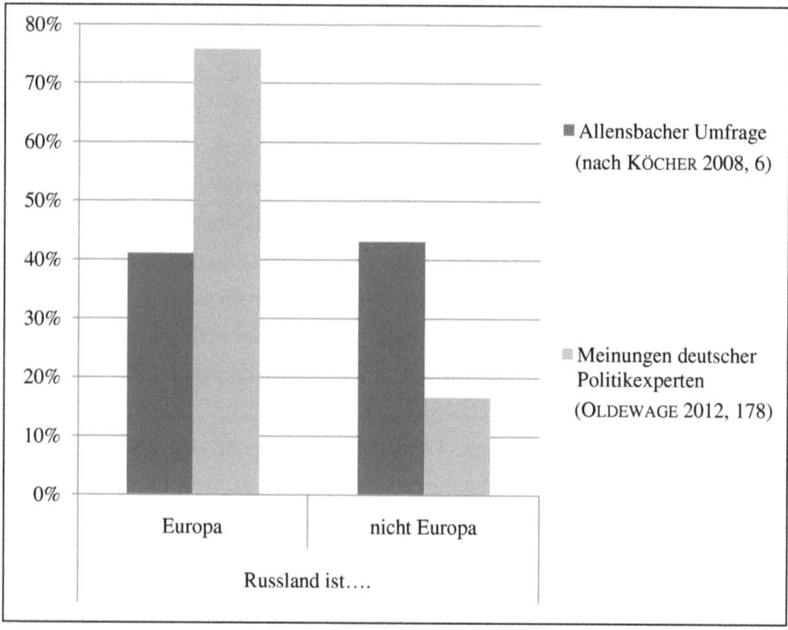

Abb. 8 Die Zugehörigkeit Russlands aus Sicht der Deutschen[53]

oder auch Pakistan und Israel sowie b) die vorsichtige Haltung (eher vorsichtige als negative) zu den Ländern, die einer anderen als der europäischen Kultur angehören (China, Südkorea, Indien, Russland)." (KUSNEZOW; HORN 2012, 199)

[53] Die angegebenen Antworten (‚ja' 75,8 % und ‚nein' 16,6 %) bei der Befragung der Politikexperten[*] wurden aus „yes" (39,4 %) und „rather yes" (36,4 %) wie auch „no" (3 %) und „rather no" (13,6 %) addiert.

Die implizite Stereotypisierung oder unbewusste Beeinflussung durch den Kulturkreis wird auch an den Einstellungsunterschieden in West- und Ostdeutschland deutlich. Bei einem Vergleich Mitte der 1990er-Jahre verbanden die Ostdeutschen technisch-wissenschaftliche und historische Errungenschaften mit Russland und die Westdeutschen mehr den ideologischen Aspekt ‚vom Kommunismus zum Kapitalismus'. Generelle Sympathien für Russland waren in Ostdeutschland etwas stärker. (GAVRILOVA 2005, 61 f.) Solche Einstellungsunterschiede wurden auch bei den Erhebungen von KÖCHER deutlich. Als Grund dafür sieht sie die „über Jahrzehnte [lang vermittelten,] verschiedenen historischen Prägungen und Orientierungen" (ebd. 2014, 8).[54]

Die grundlegenden russischen Stereotype änderten sich in der gesamten Zeit nicht. Diese Studien belegten, dass die gängigen Klischees und Charakteristika, die der russischen Bevölkerung von den Medien zugeschrieben wurden, das Grundmenü der Russlandwahrnehmung der deutschen Gesellschaft widerspiegelten. Die in den Medien positiv gewichteten Aspekte fielen auch bei der Bewertung des Landes als potenziell wichtiger Staat mit bedeutender Literatur und Kultur, der jedoch durch innenpolitische Probleme begrenzt wird, ins Gewicht. Dieses Bild hat sich über die Jahre demnach kaum verändert. Es zeigen sich zwar gewisse Kongruenzen zwischen Medien und Umfrageergebnissen, jedoch auch eine gewisse Kontinuität von Russlandbildern über einen langen Zeitraum bei sich verändernder Wertung in der Berichterstattung.

Deutlich wird in den Studien, dass das Bild der Russen über die Deutschen positiver ist als umgekehrt.[55] Je nach Alter variiert die positive Haltung zu Deutschland (ältere Menschen sehen die Deutschen eher negativ) (FES 2002, 22). Die russischen Befragten zeigten ein ebenso stereotyp belastetes Bild der Deutschen, jedoch weniger kritisch, politisch und auch weniger personenbezogen.[56] Während die Deutschen vor allem politische Persönlichkeiten in Bezug zu

---

[54] Es ist allerdings anzumerken, dass auch Merkel in der DDR aufwuchs, sich jedoch von ihren Vorgängern in Sachen Russlandpolitik und Putin distanzierte.

[55] FES 2002, 8; KÖCHER 2008, 10; Rosa-Luxemburg-Stiftung und Emnid 2005 (nach WITTICH 2005); VCIOM 2004, 42; VCIOM 2005, 42; VCIOM 2005, 19.

[56] 2013 verbanden 19 % mit Deutschland ‚Faschisten und Nationalsozialisten', gefolgt von ‚Land in Europa' (13 %), ‚Autos' (11 %), ‚Berlin' (8 %), ‚Berliner Mauer' (7 %) und ‚Merkel' (5 %) (VCIOM 2013, 31).

Russland zur Kenntnis nahmen, waren es bei den Russen über die Deutschen – abgesehen von Hitler – vor allem Künstler (Dichter, Musiker) und Philosophen (KÖCHER 2008, 13). Dass die russischen Medien weniger personifizieren, bestätigt ebenso die mediale Analyse aus Kapitel 6. Die Ereignisse nach 2014 ließen jedoch deutlich negativere Tendenzen erkennen. Deutschland galt als wichtiger Partner in der EU.[57] Unterschiede wurden – wie bereits im Kapitel zur russischen Realität beschrieben – in Bezug zum Freiheitsbegriff deutlich. Die meisten Deutschen gaben dabei die Meinungsfreiheit an. Die Russen hingegen sahen darin die staatliche Absicherung (KÖCHER 2008, 17).

***

Bei Untersuchungen über die tatsächliche Macht der Medien stellte sich heraus, dass sie kaum Einfluss auf die Wahlentscheidungen hatten, da gewisse Abwehrmechanismen gegen Manipulation vorhanden seien. Medien können jedoch lenken, wenn noch keine Vorstellungen über ein Land oder eine Person gebildet wurden oder wenn diese in bestimmten Situationen revidiert werden sollen. (GAVRILOVA 2005, 35 f.) Das würde im Fall Gorbačëvs und des Zerfalls der UdSSR die mediale Euphorie erklären, die sich jedoch auf ein gemeinsames Werteverständnis in der Bevölkerung gründete. Die geringe Manipulationsmacht kann auch dadurch bestätigt werden, dass die russisch-deutschen Beziehungen bei den Bundestagswahlen nicht zum Wahlprogramm gehörten und die politische Linie sich in dieser Hinsicht von den Medien unterschied. Demnach kann hier kein Grund für eine politische Manipulation gesehen werden, die das schlechte Russlandbild in den Medien im untersuchten Zeitraum erklärt.

Die in der letzten Zeit viel diskutierte mediale Manipulation zur Beeinflussung der Gesellschaft lässt sich hier in diesem Umfang nicht nachweisen. Bis in die 2000er-Jahre hielt sich in der Gesellschaft ein positiveres Russlandbild als in den Medien. Deutlich wurden einige Unterschiede von Medien und Gesellschaft wie auch der Politik. Allein mit dem Einfluss der Politik auf die Medien sowie der Medien auf die Gesellschaft lassen sich die euphorischen und pessimistischen Haltungen daher nicht begreifen.

---

[57] Nach Umfragen von VCIOM 2014; 30/31/20b/35/36a/36b/36c.

10 Mediale Interaktion

> „Betrachtungsweisen und Informationsinteressen sind zweifellos bis zu einem gewissen Grade steuerbar; die Grenze dieser Steuerbarkeit ist jedoch schwer zu bestimmen und hängt nicht zuletzt vom je individuellen Vertrauen in die Steuerungseinrichtungen, von eigenen Erfahrungen und unterschiedlichen Motiven und Dispositionen ab, angebotene Total- oder Teildeutungen nicht nur zu tolerieren, sondern sich auch zu eigen zu machen. Diese Verflechtung des Fremdbildes mit dem politischen Verhalten einer Gesellschaft und ihrer Angehörigen zu beachten, erscheint wichtig, um Faktoren und Momente der Verdichtung dieses Fremdbildes und seiner Einbettung in gesellschaftsintegrierende Ideologien genauer zu erkennen.“ (SYWOTTEK 1983, 333)

Die Bedeutung der Stereotype in der Russlandberichterstattung führt zu einem weiteren Punkt, nämlich zu den Wechselwirkungen, die zwischen den einzelnen Subjekten von Gesellschaft, Politik und Medien bestehen. Bislang wurde hauptsächlich auf die Macht der Medien auf die Gesellschaft und ihre Darstellungsweisen eingegangen, wie auch auf die mögliche Manipulation der Medien durch die Politik, um die Gesellschaft zu steuern. Dabei hatten die Medien eine einseitige Funktion eines Lenkungsapparates der Politik. Gerade in Bezug auf die Ukraine wurden im letzten Jahr die Medien als Propagandaapparat der Politik kritisiert. Aber nicht nur von der Politik geht mithilfe der Medien eine besondere Macht bzw. Beeinflussung aus.

Die Politik in Zugzwang

Es können sich auch Einstellungsdifferenzen ergeben, sodass die Masse und die Führung anders wahrgenommen werden und auch unterschiedlich wahrnehmen. Während Kohl in alten Mustern verhaftet blieb, kam es in der Bevölkerung und den Medien zu euphorischen Bekundungen. Erst nach 1988 habe sich auch ein Einstellungswandel in der Regierung vollzogen, nach dem natürlichen Prinzip der „Rückkoppelung“ (WELLER 1992, 23), wonach die Regierung auf das Volk eingehen musste. Dieses Prinzip ließe sich auch auf die jüngste Politik Merkels anwenden. Die vermeintlich ‚radikalere‘ Russlandpolitik der Bundesregierung der letzten Jahre (Sanktionen und Ausschluss der RF vom G7-Treffen) scheint sich dem medialen Aufschrei gegen Putins undemokratisches und autoritäres System – wenn auch nur in geringem Maße – zu fügen.

Der mediale Einfluss auf Politik

Die deutschen Leitmedien dienen nicht nur der Gesellschaft zur Beschaffung von Informationen, sondern auch den Politikern. Zudem ist die Politik auf die Darstellung und das Sprachrohr der Medien angewiesen. Medien können Politiker diffamieren oder sie in ein gutes Licht rücken. Dadurch, dass sie die Öffentlichkeit transportieren, können sie ebenso die Politik beeinflussen.

Die Medien unter Druck der Gesellschaft

Nicht nur die privaten Fernsehsender und Printmedien unterliegen dem Druck von Kaufentscheidungen und Auflagenstärke, auch die öffentlich-rechtlichen Sender wie auch die seriösen Leitmedien müssen auf den Informationswunsch der Gesellschaft eingehen. Das erklärt sich auch durch die Theorie des Nachrichtenwerts, der über die Annahme im Bewusstsein der Bevölkerung entscheidet. Durch die eher kritische Haltung der Gesellschaft zu Russland bedienen sich die Medien einem gängigen Muster. Auch durch das *flak* können Politik und Gesellschaft Druck auf die Medien ausüben.

Horizontale Interaktion

Da die deutsche Russlandberichterstattung deutlich vom politischen Geschehen bestimmt wird, soll hier besonders auf die Politikjournalisten eingegangen werden: Bei der bereits erwähnten Studie 2009 der FU Berlin kam heraus, dass als Informationsquellen für Politikjournalisten vor allem andere journalistische Medien (71,4 %), Meldungen von Nachrichtenagenturen (65,2 %) und Ortstermine und Interviews (63 %) dienen. Gerade Journalisten von Tageszeitungen, Fernsehen und Hörfunk greifen aufgrund der geforderten Aktualität vermehrt auf Nachrichtenagenturen zurück.[58] (LÜNENBORG; BERGHOFER 2010, 25 f.)

[58] Zu den zehn meistgelesenen, überwiegend überregionalen Tageszeitung gehörten SZ (77,6 %), FAZ (51,9 %), BILD (33,7 %), taz (25,3 %), WELT (21,4 %), Berliner Tagesspiegel (15,3 %), BZ (11,7 %), HB (9,7 %), Financial Times Deutschland (9,2 %) und FR (6,2 %). Bei den Nachrichtenmagazinen und Wochenzeitungen kam der SPIEGEL auf den ersten Platz (88,1 %), gefolgt von der ZEIT (52,1 %), STERN (28,9 %) und FOCUS (25,1 %). Bei den Fernsehsendungen waren es Tagesschau (65 %) und Tagesthemen (48,7 %), das Heute-Journal (40 %) und Heute (32,7 %), Monitor (6,4 %), RTL Aktuell (5,5 %) und Report (5,3 %). (ebd., 29 ff.)

Dadurch entsteht eine reziproke Abhängigkeit der Medien. Durch die Fülle an Informationen bei gleichzeitigem Gebot der Aktualität kann nur in den wenigsten Fällen auf eine eigene Recherche zurückgegriffen werden.[59] Wenn sich drei Medienformate auf die gleiche Quelle beziehen, so wird das Produkt ähnlich ausfallen und wenn mehrere Medien in ähnlicher Weise berichten, dann erhöht dies die Glaubwürdigkeit des Dargestellten.

Dieser Effekt wird durch redaktionelle Einsparungen, die sich vor allem auf Fachexperten – und besonders auf die Auslands- und Krisenberichterstattung – beschränken, noch verstärkt. Die Heimatredaktionen redigieren die Texte der Auslandbüros, obwohl ihnen die Expertise des jeweiligen Landes fehlt (CASPAR; GALPERIN 2005, 14). Die Folge ist die Festigung der Stereotype, wobei die alt bekannten Aspekte für weitere Interpretationen herangezogen werden (SAIJKO 2013, 169). Zudem entscheidet die Länge eines Artikels über die prägnante Wertung. Ein kürzerer Artikel reduziert die Information und lässt eine stärkere Wertung zu, während bei einem längeren Artikel detaillierter berichtet werden kann (CRUDOPF 2000, 40). Dies scheint sich auch in den Überschriften wiederzufinden: Während der Inhalt viel differenzierter ausfallen kann, neigen die Titel – auch als *eye catcher* – zur Reduktion und Stereotypisierung.[60]

***

Medien haben tatsächlich eine nicht zu unterschätzende Macht auf die Meinungs- und Einstellungsbildung der Gesellschaft, jedoch nicht unbedingt in Zusammenhang mit der viel diskutierten ‚Lügenpresse'. Das bedeutet, dass kurzzeitige ‚Manipulationen' ohne einen gemeinsamen Konsens von Bevölkerung und Medien nur schwer möglich sind.

[59] Schon früh musste KRONE-SCHMALZ mit dem Leichtsinn vieler Journalisten zurechtkommen. So antwortete ein Kollege auf die Frage nach einer abgesicherten Information: „Wird schon so sein, und wenn nicht – wir setzen das in die Welt, man wird von uns abschreiben und nach dem drittenmal [sic!] fragt kein Mensch mehr, ob es wirklich so war." (ebd. 1993, 241)

[60] Ein Beispiel ist die Meldung mit der Überschrift *Kalter Krieg 2.0 – Angst vor dem Wettrüsten* im Heute – Journal vom 17.06.2015. Dabei wurde explizit gesagt, dass Russland kein Abrüstungsabkommen gebrochen, sondern seine veralteten Rüstungspunkte lediglich erneuert hat. Der Titel impliziert jedoch eine andere Botschaft.

Die Medien stehen in einer Interaktion zueinander und auch in Bezug zu Gesellschaft und Politik. Dabei kann zwischen einer direkten wie auch indirekten und einer gezielten oder unbewussten Beeinflussung unterschieden werden (Abb. 9) Die Beeinflussung von der Politik ‚nach unten' kann dabei deutlich schneller und auch gezielter verlaufen.

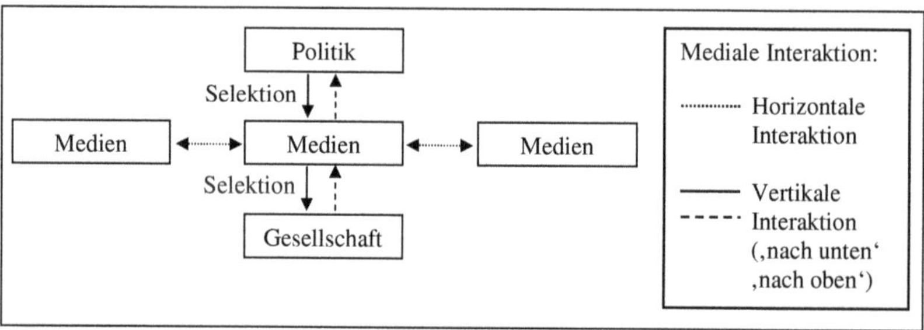

Abb. 9 Medien in der Kommunikations-, Informations- und Mittlerfunktion

Was aus diesem Modell der Interaktion, dem in Kapitel 1 angesprochenem BERGHAUS-Modell in Bezug auf das soziale Umfeld und dem Propagandamodell von HERMAN und CHOMSKY folgt, ist nicht nur die starke Beeinflussung durch die Medien, sondern auch die Beeinflussung der Medien durch marktwirtschaftliche Faktoren und Kommerzialisierung. Auch die Manipulation durch die Verleger wird oft kritisiert, doch darf nicht vergessen werden, dass sich auch Journalisten den Verlagsgruppen anschließen, die sich mit ihrer Weltanschauung decken, und somit nicht nur die Interessen der Verleger vertreten, sondern auch ihre eigenen.

Das ‚Genre' Journalismus

Bei den Faktoren, die das von den Medien geschaffene Bild beeinflussen, müssen auch das Berufsverständnis und die publizistische Auffassung der Gattung berücksichtigt werden. Danach ist es ein oberstes Gebot, Probleme, Miseren und Elend aufzudecken und zu kritisieren, was die Negativität und den Sensationalismus der Medien erklärt.

„Подводя итоги, можно констатировать, что концентрация СМИ на негативных тенденциях характерна как для массмедиа в целом, так и для международной журналистики в частности. Речь вовсе не идет о негативизме в освещении России как единичном случае. Средства массовой информации часто прибегают к известным клише и укоренившимся представлениям с тем, чтобы быстрее и легче добиться внимания публики. Обратиться к культурной памяти, в этом смысле, оказывается куда проще и надежнее, нежели объяснить комплексные взаимосвязи и новые аспекты в их многообразии.“[61] (SAIJKO 2013, 169)

Bezüglich der Informationsvermittlung stimmten die Politikjournalisten in der bereits erwähnten Studie (Abb. 10) im Vergleich zum allgemeinen journalistischen Durchschnitt vermehrt den Aussagen „komplexe Sachverhalte erklären und vermitteln“ (95,5 %) wie auch die „Realität so abbilden, wie sie ist“ (79,3 %) zu. Unter dem Durchschnitt lagen die Aussagen „Publikum neutral und präzise informieren“ (82,7 %) und „Publikum schnell Informationen vermitteln“ (62,2 %). Bei der Frage nach Kritik, Kontrolle und Engagement wurden alle Aussagen deutlich mehr bejaht als vom journalistischen Durchschnitt. Die größte Zustimmung erhielt „Kritik an Missständen üben“ (74,4 %). Im Bereich Service und Unterhaltung stimmten 33,0 % der Aussage „Publikum Unterhaltung und Entspannung bieten“ zu, was unter dem journalistischen Durchschnitt lag. (LÜNENBORG; BERGHOFER 2010, 38 ff.)

Dass Politikjournalisten besonders die Komplexität vermindern wollen, birgt auch das Risiko einer ‚falschen‘ Vereinfachung und des erneuten Rückgriffs auf gängige Klischees. Zudem wollen sie aufdecken und kritisieren, aber auch kontrollieren und die Politik beeinflussen – im Sinne von dem, was sie als moralisch richtig erachten und was von der Politik missachtet wird – und nicht andersherum.

[61] „Zusammenfassend kann festgestellt werden, dass die Konzentration der Medien auf die negativen Tendenzen sowohl für die Massenmedien im Allgemeinen als auch für den internationalen Journalismus im Besonderen typisch ist. Die Rede ist überhaupt nicht vom Negativismus in der Russlandberichterstattung als Einzelfall. Die Medien greifen oft zu bekannten Klischees und verwurzelten Vorstellungen, um schneller und einfacher die Aufmerksamkeit der Öffentlichkeit zu erreichen. Sich in diesem Sinne an das kulturelle Gedächtnis zu wenden, erweist sich als weitaus einfacher und zuverlässiger, als komplexe Zusammenhänge und neue Aspekte in ihrer Vielfalt zu erklären.“ (ebd. [Übers. d. Verf.])

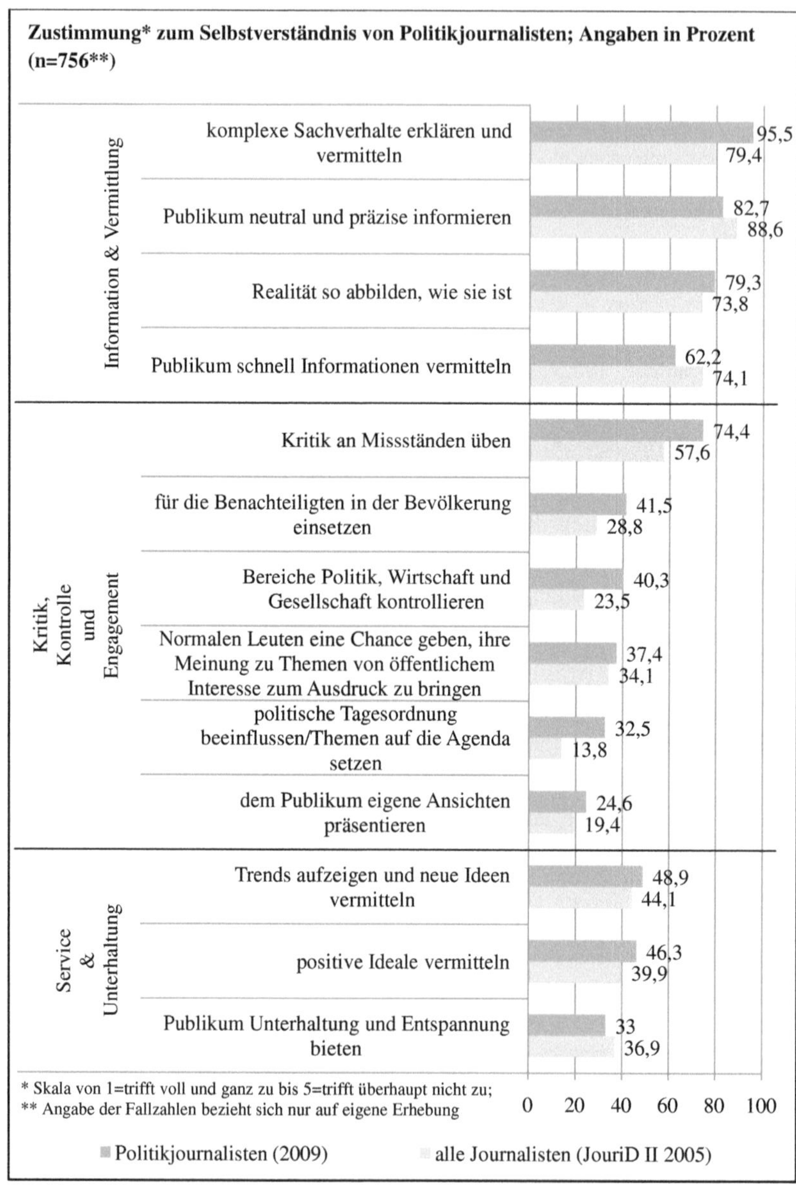

Abb. 10 Selbstverständnis von Politikjournalisten/-innen (nach LÜNENBORG; BERGHOFER 2010, 38 ff.)

Das Problem der Selektion

Das Deuten und Bewerten ist die „ureigene[…] Rolle des Journalisten“ (BRÖCKERS; SCHREYER 2014, 141). Damit sei die eigene Meinung in den Berichten durchaus erwünscht, wobei die persönliche Einstellung eines jeden Journalisten zu berücksichtigen ist. Wie jeder Mensch unterliegt auch der Journalist immer einer gewissen Prägung, die er – selbst wenn er noch so objektiv ist – durch sein Medienprodukt vermittelt. Die Autoren können explizit nach ihrem Verständnis Klischees anwenden, mehr jedoch entscheidet die implizite Stereotypisierung und die daraus resultierende ‚selektive‘ Wahrnehmung schon über die Mitteilung.

Schon 1991 forderten viele Russen den Rücktritt El'cins. Bei der Mai-Demonstration befürchtete man Ausschreitungen. KRONE-SCHMALZ berichtete von dem Journalistendilemma, als ARD-Korrespondent Dreckmann versuchte, die Stimmung auf der Straße in Interviews einzufangen und es tatsächlich gewaltbereite Drohungen gab. Die Frage, die sich dabei aufdrängte, war, ob man in dieser Situation solche Äußerungen sendet – und damit das Klischee der gewaltbereiten Russen bedient – oder nicht – und damit die Wirklichkeit eben auch *verfälscht*. Das sei die Entscheidung eines jeden Einzelnen. (ebd. 1994, 43)

Kultureller Konsens

> „Строгость, категоричность в оценках, развитое чувство социальной справедливости, демократизм ценятся большинством граждан немецкоязычных стран. В этом же ключе, ориентируясь на указанные ценности, работают и журналисты этих стран.“[62] (MERKUR'EVA; KOSTINA 2012, 174)

Den wohl größten Einflussfaktor bildet die stereotype Prägung eines Kulturkreises. In einigen Fällen ist eine gezielte Manipulation definitiv möglich, erklärt jedoch nicht das klischeehafte Denken und den Wandel von einem sehr euphorischen Gorbačëv-Bild zu einem sehr pessimistischen Putin-Bild in der deutschen Medienlandschaft. Die implizite Prägung als kultureller Konsens in einer Gesellschaft ist dafür von grundlegender Bedeutung, die eine explizite Manipu-

[62] „Die Strenge, die Entschiedenheit in der Bewertung, das gut entwickelte Gefühl sozialer Gerechtigkeit und die Demokratie werden von der Mehrheit der Bürger der deutschsprachigen Länder geschätzt. Nach diesem Maßstab, der sich an den besagten Werten orientiert, arbeiten auch die Journalisten dieser Länder.“ (ebd. [Übers. d. Verf.])

lation erst ermöglichen würde. Diese Grundlage bilden meistens die Fremdbilder, geprägt durch jahrelang vermittelte Stereotype – u. a. durch die Medien.[63]

Medien können zwar die Gesellschaft beeinflussen, jedoch nur in einem gewissen Maße. Dadurch, dass die Medien eine eigene Realität produzieren, kann zwar von einer Fremdsteuerung gesprochen werden, die jedoch in den meisten Fällen der gesamten Gesellschaft – es geht um demokratische Staaten mit uneingeschränkter Pressefreiheit und ohne Zensur –, aber nicht unbedingt einzelnen Personen aus Gesellschaft, Wirtschaft oder Politik geschuldet ist. Abb. 11 zeigt die Wechselwirkungen, die zwischen Politik, Gesellschaft und Medien bestehen. Medien können dennoch dazu verwendet werden, um positive wie auch negative Stimmungen zu erzeugen.

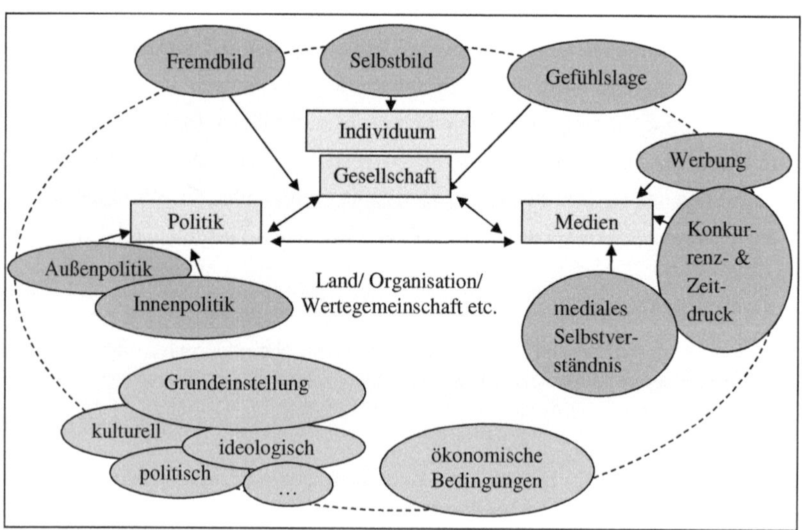

Abb. 11 Wechselwirkungen von Medien, Gesellschaft und Politik

[63] Nicht nur die Massenmedien prägen das Bild einer Nation, sondern auch künstlerische und literarische Werke. Interessant ist in dieser Hinsicht die Konstruktion im Literaturbertrieb nach dem Zerfall der UdSSR. Vgl. dazu: DUBIV, Nadežda; LOGINOVA, Natal'ja; ČUVIL'KAJA, Elena (2013): Obrazy postsovetskoj Rossii v literaturnom i obščestvom sozanii nemcev (1992–2011gg.). In: MAKARYČEV, Andrej (Hrsg.): Rosssija i Germanija v prostranstve evropejskich kommunikacij. Kollektivnaja monografija. Tjumenskogo gosudarstvennogo universiteta: Tjumen', S.184–192.

11 Ursachen und Folgen medialer Politisierung

Russland ist für Deutschland nicht nur kulturell und geschichtlich ein Verbündeter, sondern auch in Bezug auf die internationale Politik und die natürlichen Ressourcen von großer Bedeutung. Das letzte Jahrhundert hat eine deutlich russophobe Haltung in Deutschland gezeigt, die durch euphorische Bekundungen zum Ende der Sowjetunion und auch durch die Anti-Terror-Gemeinschaft nicht beseitigt werden konnte. Diese Russophobie ist vielmehr zu einer Ideologie geworden. NEMENSKIJ definiert die Russophobie als „eine vom Westen herrührende Ideologie, die dem russischen Volk eine bösartige Natur zuschreibt" (ebd. 2013, 36 [Übers. d. Verf.][64]).

Gorbačëvs Rezeption stand im Zeichen der deutschen Wiedervereinigung, was das Interesse und die Euphorie vorantrieb. Neben dem individuell-emotionalen Aspekt im geteilten Deutschland ist der ideologische Aspekt zu berücksichtigen, wobei das Ende der UdSSR als eine Notwendigkeit zur Zuwendung zum ‚einzig richtigen System' angesehen wurde. Die starke Personifizierung der Politik der UdSSR und der RF erklärt die kompensatorische Euphorie um Gorbačëv.[65] Diese ‚Gorbimanie', eine primär durch die Massenmedien hervorgerufene Begeisterung, die sich gegen Ende der 1980er-Jahre etablierte, war jedoch eher das Resultat von westlichen Hoffnungen als ein Abbild der Realität. Dies erklärt, dass innenpolitische Probleme nicht in den medialen Russlanddiskurs der späten 1980er-Jahre aufgenommen wurden. Die Medien zeichneten zwar zunehmend diese negativen Zustände, aber dennoch prägte vor allem ein (außen-)politisches Russlandbild die Berichterstattung, bedingt durch die allgemeine Stimmung der Gesellschaft:

---

[64] *„Русофобия – это западная по происхождению идеология, утверждающая злую природу русского народа."* (ebd. [Herv. i. O.])

[65] Laut einigen Autoren lag Gorbačëvs euphorisch empfangener Besuch in Westdeutschland 1989 nicht an seiner Person selbst, sondern „war das Resultat eines langjährigen Abbaus von Feindbildern und der Relativierung von Fremdbildern" (BRANDT 2002, 231). Die Feindbildforschung und die Wandlungen vor allem nach 2000 zeigen jedoch, dass das Feindbild nicht abgebaut wurde, schnell reaktiviert werden konnte und alte Stereotype nahezu unproblematisch ins Bewusstsein rief. Die Euphorie um Gorbačëv resultiert daher eher aus der generellen Personifizierung von Politik in den Medien in Verbindung mit außenpolitischen Faktoren.

> „Die Diskrepanz zwischen dem informativen Gehalt des Sowjetunionbildes auf der einen und seiner Konnotation auf der anderen Seite ist ein Beleg dafür, dass sich der Einstellungswandel gegenüber der Sowjetunion überaus rasch vollzog und insoweit nicht ausreichend reflektiert war: So ist davon auszugehen, dass für die Konstruktion des Fremdbildes nicht die Inhalte der verfügbaren Informationen über das Land entscheidend waren, sondern in erster Linie die subjektive Einstellung, mit denen den Informationen begegnet wurde.“ (DANILIOUK 2006, 267)

Interessant ist in dieser Hinsicht auch die zunehmende ‚Umpolarisierung‘ der Deutschen: Die Reformen und Abrüstungsstrategien der UdSSR ließen die Kritik gegenüber den USA wachsen. Selbst wenn vor allem die Journalisten 1989, als die Börse zusammenbrach, erneut Russlands Nationalismus verantwortlich machten (FOGLESONG 2007, 196 f.), zeigt sich hier das stark ausgeprägte dichotome Wahrnehmungsmuster: Eine positive Beurteilung zugunsten der UdSSR/RF ging in vielen Fällen mit einer Kritik an den USA einher.

Der deutsche Einstellungswandel in Medien, Politik und Gesellschaft vollzog sich weder konform noch hierarchisch von ‚oben nach unten‘. Während sich Medien und Gesellschaft Ende der 1980er-Jahre deutlich positiver äußerten, war die Politik noch zurückhaltender und änderte erst später ihre Haltung. Dem „Genscherismus“ (KRONE-SCHMALZ 1994, 20 f.) wurde abfällig zugeordnet, wer in der UdSSR einen Wandel sah. Auch die ‚Gorbimanie‘ – die sich auffällig stark fast nur in Deutschland zeigte – konnte den Einstellungswandel in der Bevölkerung nicht allein tragen:

> „Восприятие Горбачева европейцами – многогранное явление, которое не исчерпывается журналистским определением ‚горбимания‘. Оно имело свои особенности в отдельных странах, было неоднозначно связано со стереотипными представлениями о СССР и его руководителях, о советском человеке, сформированном ‚системой‘.“[66] (ZDRAVOMYSLOVA 2005, 358)

Zu Beginn noch ersehnt, machte das Ende der UdSSR die innenpolitischen Folgen in einer radikalisierten und gesteigerten Form auch der westlichen Bevölkerung klar, was vorher missachtet wurde und nun zu einer Enttäuschung führte:

[66] „Die europäische Wahrnehmung Gorbačëvs ist eine vielseitige Erscheinung, die sich nicht vollständig mit der journalistischen Beifügung der ‚Gorbimanie‘ erklären lässt. Sie hatte ihre Besonderheiten in den einzelnen Ländern, war verbunden mit stereotypen Vorstellungen über die UdSSR und ihre Anführer sowie über den sowjetischen Bürger und wurde vom ‚System‘ geformt.“ (ebd. [Übers. d. Verf.])

> „Zum anderen, als sich Russland nach dem Zusammenbruch des sowjetischen Regimes in den europäischen Zivilisationskreis einzuführen versuchte, verlor das Land die ihm in Form der UdSSR eigene exotische Komponente und wurde vom Westen nun als ein ‚normales' Land betrachtet, das – dem europäischen Ethnozentrismus folgend – sich auch an ‚normale' europäische Normen, Werte und Verhaltensweisen anzupassen hatte." (ZYKOVA 2014, 264)

Die 1990er-Jahre zeigten die chaotischen Zustände und die Probleme des russischen Volkes, deren Entwicklung und Stabilisierung jedoch durch die vermeintliche Annahme des westlichen Systems aufgrund des Zusammenbruchs der UdSSR keine Zeit eingeräumt wurde. Die ideologischen Gegensätze zu Zeiten der UdSSR, die durch den ‚Eisernen Vorhang' nur in Form der Außenpolitik beschrieben werden konnten, galten offiziell als aufgelöst, weshalb die Berichterstattung neuer Determinanten zur Abgrenzung bedurfte: El'cins Gesundheitszustand, das Aufstreben der Oligarchen, die Verfassungskrise und Čečnja ließen nun endgültig die anfängliche Euphorie verschwinden und das Augenmerk der Medien – anders als bei Gorbačëv – auf die Innenpolitik legen.

Obwohl man nach dem Fall der Sowjetunion der RF ihre mystische Komponente und kulturelle Besonderheiten aberkannte, ist die sowjetische Vergangenheit ein weiteres Problem, deren russische Nachfolge alte Bilder hervorbringt und eine kritische Reflexion erschwert:

> „Неспособность к рефлексии в отношении советского прошлого служит почвой для многих деструктивных представлений о России. Россия стала правопреемницей СССР и, тем самым, спровоцировала определенную модель восприятия себя и своих действий."[67] (SAJKO 2013, 168)

Die Berichterstattung war bezüglich des Themenspektrums zu Beginn der 2000er-Jahre ausdifferenzierter als in den vorangegangenen Jahren. Dass das Bild dennoch pessimistisch war, liege laut DANILIOUK daran, dass die Nachrichtenfaktoren von „Sensationalismus, Personalisierung und Negativismus" stärker wirken, „je geringer der Einfluss politischer Determinanten wird" (ebd. 2006, 270). Das politische Themenfeld überwog die Berichterstattung nicht mehr in dem Ausmaß wie zu Zeiten Gorbačëvs und El'cins, sodass das Interesse ander-

---

[67] „Die Reflexionsunfähigkeit in Bezug auf die sowjetische Vergangenheit dient als Grundlage für viele destruktive Vorstellungen über Russland. Russland wurde der Rechtsnachfolger der UdSSR und provozierte damit ein bestimmtes Wahrnehmungsmodel von sich und seinen Handlungen." (ebd. [Übers. d. Verf.])

weitig gesteigert werden musste. „Dabei kann grundsätzlich davon ausgegangen werden, dass das Bild umso verzerrter ist, je größer die Kluft zwischen den Inhalten und ihrer sprachlichen Umsetzung ist.“ (ebd.) Die tatsächliche Objektivität 2003 – aufgrund der geringen Kluft zwischen Inhalt und Sprache – erscheine nur wertend negativ durch den „Zerfall des verzerrten Freundbildes“ (ebd.) zu Zeiten Gorbačëvs.

Zu Putins Amtszeit hielten sich die Medien zwischen Skepsis, Kritik und Hoffnung noch in der Waage, wobei die erste Legislaturperiode deutlich optimistischer ausfiel als die zweite. Das kann damit begründet werden, dass während seiner ersten Amtszeit (2000–2004) der russische Beitrag zur Anti-Terror-Gemeinschaft nach 9/11 deutlich mehr Gewichtung fand als innenpolitische Probleme, die sich in der zweiten Amtsperiode zunehmend zeigten. Das lässt die Schlussfolgerung zu, dass bei der (medialen) Bewertung außenpolitische Entwicklungen sichtlich mehr beachtet werden als innenpolitische. Bei Gorbačëv lag der Fokus auf der Außenpolitik, bei El'cin auf der Innenpolitik, bei Putin auf beiden Bereichen, wobei seit seiner Wiederwahl 2012 der vermeintliche russische ‚Expansionscharakter‘ auch in Bezug auf die Ukraine entscheidend sein dürfte. Spätestens seit Putins dritter Amtszeit gipfelt der deutsche Russland-Pessimismus in einer regelrechten ‚Putinphobie‘. Medvedev nahm in dieser Reihe keine herausragende Stellung ein. Lediglich seine Reformen im Sinne der Modernisierung sorgten anfangs für ein leicht positives Image.

Das deutsche Interesse an Russland und der Sowjetunion wurde maßgeblich von den politischen Ereignissen bestimmt. Durch die politische Fokussierung der Medien wird die russische Bevölkerung zunehmend politisiert, um dem Image Nachdruck zu verleihen. Generell zeigt sich eine Einseitigkeit der Medien – d. h. die Zuordnung Russlands in die böse Kategorie –, die durch die Gesellschaft aufgenommen und eben durch diese erneut auf die Medien projiziert wird. Wie im Eingangskapitel erwähnt, können die Fremdbilder viel mehr über das Selbstbild aussagen. Die eigenen Wertvorstellungen kollidieren in diesem Falle mit denen der UdSSR bzw. der RF. Daraus resultiert ein kategorisches Denkmuster, was eine kritische Reflexion mit sich selbst und eine objektive Auseinandersetzung mit dem Gegenüber behindert.

Auch Russland bemerkt die schlechte Presse. Das russische Institut für strategische Forschung RISI (*Rossijskij Institut Strategičeskich Issledovannij*) hat Anfang 2015 Ergebnisse einer Analyse zur Darstellung Russlands in den ausländischen Medien vorgestellt, den sogenannten ‚Feindschaftsindex' der internationalen Massenmedien. Dieser wird errechnet durch die Anzahl negativer Artikel im Verhältnis zu neutralen bzw. positiven Artikeln. Dabei zeigten sich besonders WELT, Handelsblatt, SZ und FAZ ‚aggressiv'. Dieser Index wird permanent geändert. (RISI 2015) Ferner wird sich durch die mediale negative Aufmerksamkeit, die Russland in letzter Zeit widerfährt, vermehrt mit der Frage beschäftigt, ob Russland zu Asien oder Europa gehört (ZYKOVA 2014, 10). Aus diesen dem Osten durch den Westen immer wieder zugeschriebenen Unterschieden scheint Russland die nötigen Konsequenzen zu ziehen und sich wirtschaftlich wie auch politisch in Richtung Asien zu orientieren. Den zugeschriebenen ‚asiatischen Charakter' Russlands sehen einige Autoren wie DEGTJAROVA u. a. im mittelalterlichen Tatarenjoch begründet. Vor diesem Hintergrund und in Hinblick auf den Versuch der Europäisierung der RF erscheint der in den westlichen Medien kritisierte russische ‚Sonderweg' geradezu als Emanzipation und als Abwehr gegen ein neuzeitliches *Europajoch*.

***

Massenmedien sind aus unserer heutigen Zeit nicht mehr wegzudenken und für die Politik von entscheidender Bedeutung, was sich auch an den Begriffen von ‚Mediendemokratie' und ‚Politainment' festmachen lässt, die Einzug in das politische Wörterbuch gehalten haben. Manipulation, oder besser Lenkung, durch die Medien ist definitiv möglich. Ihre Deutung und Wertung, sprachliche Komponenten, Medienselektion wie auch die Auswahl des Interviewpartners sind Instrumente zur Beeinflussung des Medienbildes. Die generelle absichtliche Manipulation durch Journalisten und ihre politische, proamerikanische Gefolgschaft können an dieser Stelle nicht bewiesen werden, zumal gerade in dem untersuchten Zeitraum die Haltungen der führenden Politiker und der Medien an vielen Stellen auseinandergingen. Zudem zeigt sich, dass der Einfluss der Medien auf die Gesellschaft innerhalb eines kürzeren Zeitraums auf die Erweiterung einer bereits in der Bevölkerung bestehenden Richtung begrenzt ist und nicht deren Schaffung vermag. Das bedeutet, dass schon ein Konsens in der Gesellschaft vorhanden sein muss, damit nicht die natürlichen Abwehrmechanismen gegen eine Fremdsteuerung greifen.

Eine mediale Lenkung kann vielmehr über einen längeren Zeitraum erfolgen, durch langjährige implizite Prägung, die von mehreren Faktoren abhängt. Das erfolgt jedoch meist unbewusst. Medien haben die Rolle des Informationsvermittlers über Sachverhalte, die dem Individuum nicht selbst zugänglich sind, und können durch wiederkehrende Topoi und Wertungen Stereotype festigen und/oder neue hervorrufen – und dieser Gesellschaft gehören Medienmacher und Journalisten ebenso an wie Politiker. Massenmedien bilden keine Reproduktion der Wirklichkeit, wohl aber der Gesellschaft, denn man wird, was man sieht, wie es der Begründer der modernen Medientheorie mit seinem Satz *The Medium is The Message* aussagte. So sind die Medien zugleich Manipulator und Opfer ihrer eigenen Realität, was in einem immer wiederkehrenden Kreis gegenseitiger Beeinflussung mündet. Was den Medien wie der Gesellschaft ebenso gemein ist, ist die Tatsache, dass sie durch allgemeine psychologische Determinanten nur das wahrnehmen, was sie auch sehen *wollen*. Nach dem Prinzip der ‚*Stillen Post*' können so von der Realität über die Medien und die individuellen Wahrnehmungsmuster der Bevölkerung nur einige Aspekte im

Bewusstsein ihren Niederschlag finden. Der Vorwurf der Einseitigkeit der Medien ergibt sich daraus, dass nur das erscheint, was für die eigenen Werte, die eigene Identität und für das Feindbild von Relevanz ist.

Medien manipulieren, aber nicht unbedingt gemäß der Politik, sondern gemäß den Medienkriterien der heutigen Zeit. Es gibt definitiv Verbindungen zwischen Politik und Medien, die in einigen Fällen ihren Ausdruck in einer expliziten Manipulation finden können: Wenn die Kriegsbereitschaft der Bevölkerung angekurbelt werden soll, dann könnte man schon von dem Versuch einer expliziten Lenkung sprechen. Das erklärt jedoch nicht den Einstellungswandel über mehrere Jahrzehnte. Solch eine Lenkung ist nämlich erst dann möglich, wenn noch kein Fremdbild oder bereits ein Feindbild vorhanden ist.

Durch die stetig wachsende Bedeutung des Internets können beide Tendenzen radikal gesteigert werden: Es ermöglicht zum einen eine schnellere Verbreitung und zum anderen eine gesteigerte Menge an Informationen. Aus jedem Teil der Welt können Informationen beschafft werden, die eine andere Sichtweise liefern können. Die Fülle an Informationen kann aber auch dazu verleiten, auf alte Muster zurückzugreifen und sich nur das zu beschaffen, was man sich auch beschaffen möchte. MCLUHAN bezeichnet die heutige Mediengesellschaft als ein *Global Village,* das eine kollektive emotionale Globalisierung verursache. Russland scheint in diesem Sinne jedoch nicht Teil des ‚westlichen‘ Dorfes zu sein.

Schlusswort

Die vorliegende Arbeit hat gezeigt, dass sich in der deutschen Russlandberichterstattung gewisse Kriterien manifestiert haben, wobei die Personalisierung und Personifizierung wie auch die Gegenüberstellung von Volk und Führungsperson eine besondere Stellung einnahmen. Dadurch überragten die Staatsoberhäupter nicht nur die mediale Wertung, sondern schlugen sich auch im Bewusstsein der Bevölkerung nieder. Ausgehend von einer generellen Russophobie, die sich seit Jahrhunderten in den bilateralen Beziehungen zu erkennen gab, konnte sie sich auf die Staatsführung übertragen. Dass lediglich Gorbačëv aus dieser Tradition heraustrat, mag wohl der Bedeutung des Endes des Kalten Krieges – für Deutschland besonders der deutschen Wiedervereinigung – geschuldet sein. Dadurch konnte sich die ‚Gorbimanie' entfalten, die nicht zuletzt auch dem Westen eine Bestätigung ihres politischen Systems zu liefern schien. Unter Putin zeigte sich erneut eine verstärkte Russophobie, die gemäß der Personifizierung als ‚Putinphobie' bezeichnet werden kann. Konstant blieb die Berichterstattung hinsichtlich der Begründung der Ereignisse: Entweder war Russland in einer sehr vereinfachten Form der alte Feind oder zeichnete sich durch (einen Beigeschmack von) Unvermögen aufgrund von Lage, Größe und Geschichte aus. Das negative Bild wurde jedoch aufrechterhalten. Wenn das auf ‚natürlich-ideologische' Art nicht möglich war, dann füllten Katastrophen, Skandale und Tragödien diese Lücke. Ferner konzentrierte sich die mediale Darstellung auf politische Gegebenheiten wie auf die Außenpolitik bei Gorbačëv oder die Innenpolitik bei El'cin, und bei Putin fielen beide Bereiche ins Gewicht. Dadurch wurden diverse Ereignisse aus anderen Gebieten, sofern sie denn ihren Niederschlag in den Massenmedien fanden, politisiert und dem übergeordneten System zugewiesen. Die deutsche Russlandberichterstattung ist daher deutlich politisch, was die Möglichkeit einer richtigen Auseinandersetzung mit der russischen/sowjetischen Kultur und dem Land erschwert.

Der Vorwurf der permanenten absichtlichen Lenkung durch die Medien konnte im Umfang dieser Arbeit nicht nachgewiesen werden. Zudem zeigt die Analyse der deutschen Russlandpolitik im Vergleich zur medialen Darstellung und der gesellschaftlichen Rezeption einige Divergenzen. Daneben konnte das Propagandamodell von HERMAN und CHOMSKY auf die deutsche Medienlandschaft angewendet werden. Sicherlich sind gezielte Manipulationen durch die vertikale Interaktion der Medien möglich, erklären jedoch nicht die Entwicklung von einer ‚Gorbimanie' zu einer ‚Putinphobie' über solch einen langen Zeitraum. Vielmehr bildet die kulturelle Prägung der Gesellschaft, der die Medien eben auch angehören, den größten Einflussfaktor. Diese implizite Stereotypisierung ist schwer messbar, zeigt sich aber am tradierten Russlandbild in den Medien und dessen Annahme in der Gesellschaft. Wie die nationalsozialistische antibolschewistische Propaganda zum (west-)deutschen Antikommunismus beitrug, bildet dieser ebenso die Grundlage der russophoben Wahrnehmung im 21. Jahrhundert, die dem Land nahezu jegliche Progression verneint und positive Entwicklungen negiert. Somit sind die Medien im selben Maße Grund und Folge der medialen Politisierung. Die ‚Putinphobie' ist demnach das Ergebnis einer langen Manipulation (von Werten), die sich nicht erst in den letzten Jahren entwickelt hat.

Zudem liegt es im allgemeinen Berufsverständnis der Medien begründet, Miseren und Probleme aufzudecken. Die Übereinkunft von Werten manifestiert sich besonders im politischen Bereich. Demnach bildet die gemeinsame politische Überzeugung im westlichen Kulturkreis, der nicht der Geografie entsprechen muss, eine entscheidende Komponente. Und gerade politisch scheinen sich die größten Differenzen von Russland und Deutschland zu ergeben. Im Falle Russlands unter Putin gesellt sich noch ein weiterer Aspekt hinzu: Im Eingangskapitel wurde bereits erwähnt, dass in den westlichen Gesellschaften die Pressefreiheit als Gradmesser der Demokratie gilt. In der RF jedoch wird unter dem Demokratiebegriff etwas anderes verstanden: Viel wichtiger als die Pressefreiheit ist die Gleichheit vor dem Gesetz. Dieses unterschiedliche Verständnis und die in der RF eingeschränkte Pressefreiheit – was sich jedoch auf mehrere Ursachen und nicht nur auf einen ‚omnipotenten' Putin zurückführen lässt – können daher weitere Erklärungen für die scharfe mediale Kritik an der RF und speziell an Putin sein.

Nach HAHN kann sich das politische Stereotyp aus einer sozialen (durch soziales Umfeld und Medien) und historischen Genese (durch gesellschaftliche Erfahrung) entwickeln (vgl. Kapitel 2.1). Im Falle der UdSSR/RF trifft beides zu, was vielleicht auch auf die Intensität und Beständigkeit des russischen Feindbilds deuten kann. Die Tatsache, dass sich dessen Bildung oder Intensivierung besonders in Krisenzeiten verstärkt, kann auch durch Putin und die Ukraine bestätigt werden. Die These von WELLER über die Feindbildforschung, der bereits 1992 annahm, dass der Feindbildzerfall allein durch Gorbačëv eigentlich nicht realisiert werden konnte, kann auch durch die Reaktivierung alter Klischees bei Putin bestätigt werden. Das Feindbild war nie abgebaut, es schwankte nur. Dabei kommen dessen typische Charakteristika wie die Doppelmoral in den Medien und in der gesellschaftlichen Rezeption zum Vorschein, denn Kommunismus ist gleich Sowjetismus, ist gleich Russland: Auch Kuba ist ein kommunistisches Land, mit dem zumeist aber weniger Menschenrechtsverletzungen und Unterdrückung assoziiert werden als karibisches Flair, Zigarren und der Buena Vista Social Club. Das Antlitz Che Guevaras ziert auch hierzulande zahlreiche T-Shirts und Buttons meist links-alternativer Strömungen. In seinem Zusammenhang stehen die Taten als Freiheitskämpfer, wobei dem marxistischen Gedanken Zustimmung widerfährt.

Die Sprache einer Nation und deren Konstruktion kann Aufschluss über die Kultur und das allgemeine Verständnis geben: Die sprachliche Distinktion von russisch und *russländisch* hat noch keinen offiziellen Einzug in den Duden gehalten. Desweiteren ist die Gleichsetzung von ‚russisch' und ‚sowjetisch' und den Nachfolgestaaten der UdSSR heute immer noch präsent. Was man von der deutschen Russlandberichterstattung durch die Stereotype und Fremdbilder erfährt, bezieht sich weniger auf die tatsächliche Lage in Russland, sondern mehr auf den Westen selbst: Dass viele der Deutschen denken, der Zweite Weltkrieg sei für Russland wichtig, zeigt, was wiederum für sie wichtig ist und was Russland für die Deutschen definiert. Dass Putin dämonisiert wird, beruht auf dem eigenen Bedrohungsgefühl. Der tatsächliche militärische Angriff ging jedoch allein schon bei den Weltkriegen im letzten Jahrhundert von Deutschland aus. Die empfundene Bedrohung ergibt sich daher vielmehr aus der Angst vor einem System, das indirekt die eigenen Werte infrage stellt.

Diese Arbeit soll in keiner Weise die russische Position uneingeschränkt verteidigen. Sicherlich ist Kritik an der RF angebracht. Putin mag in vielen Fällen auch der ausländischen negativen Rezeption zuspielen, und Aktionen wie die Internationalen Militärspiele 2015 oder seine medialen Inszenierungen werden durchaus anderer Intention sein, als es russische Stellen offiziell zu erkennen geben. Es sei jedoch noch einmal auf die Unterscheidung von *falsch* und *verfälscht* hingewiesen: Die RF hat definitiv Probleme, aber die positiven Ereignisse und Entwicklungen, zum Beispiel in der Wirtschaft oder auch in der Kultur, werden aufgrund der negativen politischen Berichterstattung kaum wahrgenommen.

Nicht nur die Massenmedien prägen das Bild von einer anderen Nation, sondern auch Literatur und Film, die in dieser Arbeit nicht berücksichtigt werden konnten. Im deutschen postsowjetischen Literaturverständnis tauchen nun *Russische Schwiegermütter*[68] und andere Anekdoten des bilateralen Kulturaustausches auf. In Deutschland ist Vladimir Kaminer mit seinen humoristischen Erzählungen über kulturelle Unterschiede und Alltagsweisheiten bekannt. Diese Erzählungen sind weniger politisch, jedoch wäre eine Betrachtung hinsichtlich der bedienten Stereotype interessant. Weitaus weniger erforscht als die Literatur ist die Darstellung der UdSSR und der RF im deutschen Liedgut von *Dschinghis Khan* bis *Rammstein*. Zur Darstellung der UdSSR/RF in deutschen Geschichtsbüchern sind bereits einige Arbeiten zu finden, anders als zur Beschreibung und Wertung in politischen Papieren, die hinsichtlich ihrer Beurteilung und Sprache untersucht werden könnten.

KADE und SYWOTTEK schrieben schon 1983 von einer Panikmache in den deutschen Medien. Ihre Forderungen, aus der Geschichte zu lernen, haben eine erstaunliche Aktualität: 1980 wurden die Olympischen Sommerspiele in Moskau boykottiert, was auch im letzten Jahr bei den Olympischen Spielen in Soči diskutiert wurde. Überschriften wie „Rote Fahnen über Berlin?“ oder „Der Russe kommt!“ finden sich gleichermaßen in den Medien des Zweiten Weltkriegs, des Kalten Kriegs und der Gegenwart. Im Zuge der russischen Präsidentschaftswahlen 2012 fanden viele Demonstrationen in Russland statt. Putins

[68] FRÖHLICH, Alexandra (2012): Meine russische Schwiegermutter und andere Katastrophen: Roman. Droemer Knaur: München.

Ansehen ist zwar auch im eigenen Land gesunken, jedoch schweißen die aktuellen Ereignisse in der Ukraine und die westlichen Reaktionen darauf Volk und Führungsperson zunehmend zusammen. Während Russland sich außenpolitisch mehr an Asien und Afrika orientiert (BRICS), wird das Bild in den deutschen Medien zunehmend schlechter. Aber gerade in Bezug auf die Ukraine zeigen sich kritische Stimmen über die deutsche Berichterstattung sowie eine ansteigende antiamerikanische Haltung. Die Kritik an den USA kommt jedoch in einem anderen Ausmaß zum Ausdruck, da sich kein kulturelles Feindbild wie im Falle Russlands etablierte. Die Bedeutung des Internets in unserer Gesellschaft nimmt stetig zu. Zwar besteht auch hier die Gefahr einer ‚Reizüberflutung' und einer einfacheren Manipulation, jedoch hat es auch den Vorteil, mehr Stimmen zu Wort kommen zu lassen und somit andere Sichtweisen zu liefern, die sich auf die Meinungsbildung auswirken können.

Die Brisanz der ‚schlechten' Presse über Russland zeigt sich auch daran, dass ‚Russlandberichterstattung' – ungeachtet des qualitativen und informativen Gehalts – einen eigenen Eintrag in Wikipedia erhalten hat. Vielleicht ist das der Beginn einer kritischen Auseinandersetzung.

Abbildungsverzeichnis

Literaturverzeichnis

ADOMEIT, Hannes; BASTIAN, Katrin; GÖTZ, Roland (2004): Deutsche Rußlandpolitik unter Druck. In: Stiftung Wissenschaft und Politik. Deutsches Institut für Internationale Politik und Sicherheit. SWP-Aktuell, 56/2004, S. 1–8.

AHRENS, Annabelle; WEISS, Hans-Jürgen (2012): The Image of Russia in the Editorials of German Newspapers (2001–2008). In: KRUMM, Reinhard; MEDVEDEV, Sergei; SCHRÖDER, Hans-Henning (Hrsg.): Constructing Identities in Europe. German and Russian Perspectives (=Internationale Politik und Sicherheit, Stiftung Wissenschaft und Politik Berlin, Bd. 66). Baden-Baden: Nomos, S. 147–169.

ALLPORT, Gordon (1971): Die Natur des Vorurteils. Hrsg. und komm. von Carl Friedrich Graumann. Köln: Kiepenheuer und Witsch.

ANDREEV, Andrej (2010): Priemlem li dlja Rossii zapagnyj put' modernizacii. In: GORČKOV, Michail (Hrsg.): Gotovo li rossijskoe obščestvo k modernizacii. Analitičeskij doklad. Rossijskaja Akademija Nauk. Institut Sociologii. Podgotovlen v sotrudničestve c Predstavitel'ctvom Fona imeni Fridricha Eberta v Rossijskoj Federacii. Moskva: Institut Siciologii RAN, S. 157–169.

AS&S (2014): Daten zur Mediensituation in Deutschland 2014. Media Perspektiven Basisdaten: Frankfurt.

BASSEWITZ, Susanne von (1990): Stereotypen und Massenmedien: Zum Deutschlandbild in französischen Tageszeitungen (=DUV: Sozialwissenschaften). Wiesbaden: Dt. Univ.-Verlag (zugl.: Münster (Westfalen), Univ., Diss. 1987).

BERGHAUS, Margot (2007): Zur Wirkung der Massenmedien. Von der Macht der Medien. In: marketing intern, 4/2007, S. 46–49.

BRANDT, Peter (2002): Das deutsche Bild Russlands und der Russen in der modernen Geschichte. In: BRANDT, Peter (Hrsg.): Der große Nachbar im Osten: Beiträge zur Geschichte, zur Verfassung und zu den Außenbeziehungen Russlands (=Veröffentlichungen des Dimitris-Tsatsos-Instituts für Europäische Verfassungswissenschaften, Bd. 8). Berlin: Berliner Wissenschafts-Verlag, S. 211–234.

BRANDT, Peter (2012): Einleitung zu: Der große Nachbar im Osten: Beiträge zur Geschichte, zur Verfassung und zu den Außenbeziehungen Russlands (=Veröffentlichungen des Dimitris-Tsatsos-Instituts für Europäische Verfassungswissenschaften, Bd. 8). Berlin: Berliner Wissenschafts-Verlag, S. 7–18.

BRIE, André (2012): Russland, die NATO und die Europäische Union. In: BRANDT, Peter (Hrsg.): Der große Nachbar im Osten: Beiträge zur Geschichte, zur Verfassung und zu den Außenbeziehungen Russlands (=Veröffentlichungen des Dimitris-Tsatsos-Instituts für Europäische Verfassungswissenschaften, Bd. 8). Berlin: Berliner Wissenschafts-Verlag, S. 161–174.

BROCCHI, Davide (2007): Die Presse in Deutschland. In: Media e società in Italia e Germania. Köln: MediaClub Germania, S. 22–31.

BRÖCKERS, Mathias; SCHREYER, Paul (2014[3]): Wir sind die Guten: Ansichten eines Putinverstehers oder wie uns die Medien manipulieren. Frankfurt a. M.: Westend.

BYZOV, Leontij (2010): Modernizacija i razvitie rossijskoj demokratii. In: GORČKOV, Michail (Hrsg.): Gotovo li rossijskoe obščestvo k modernizacii. Analitičeskij doklad. Rossijskaja Akademija Nauk. Institut Sociologii. Podgotovlen v sotrudničestve c Predstavitel'ctvom Fona imeni Fridricha Eberta v Rossijskoj Federacii. Moskva: Institut Siciologii RAN, S. 79–89.

CASPAR, Oldag; GALPERIN, Juri (2005): Russlandbild in Deutschland – geprägt auch durch innerdeutsche Befindlichkeiten. Kommentar, gekürzte Fassung. In: Russlandanalysen, Fremdenfeindlichkeit und Feindbilder, 75/2005, S. 13–14.

CASTELLS, Manuel (2013): Communication power. Oxford: Oxford University Press.

CRUDOPF, Wenke (2000): Russland-Stereotypen in der deutschen Medienberichterstattung (=Arbeitspapiere des Osteuropa-Instituts der Freien Universität Berlin, Arbeitsschwerpunkt Politik, 29/2000). Berlin.

CSOKLICH, Fritz (1996[2]): Journalistische Darstellungsformen in Zeitung, Radio und Fernsehen: Zeitung. In: PÜRER, Heinz (Hrsg): Praktischer Journalismus in Zeitung, Radio und Fernsehen: Mit einer Berufs- und Medienkunde für Journalisten in Österreich, Deutschland und der Schweiz (=Praktischer Journalismus, Bd. 9). Konstanz: UVK-Medien-Verl.-Ges., S. 50–58.

DANILIOUK, Natalia (2006): Fremdbilder in der Sprache: Konstruktion – Konnotation – Evolution. Das Russlandbild der Jahre 1961, 1989 und 2003 in ausgewählten deutschen Printmedien (=Europa 2020. Studien zur interdisziplinären Deutschland- und Europaforschung, Bd. 23). Berlin: Lit Verlag (zugl. Münster (Westf.), Univ., Diss., 2006).

DEGTJAROVA, Varvara (2007): Russlandbilder im deutschen Fernsehen 2001–2002: Studie zur Konstruktion Russlands bei öffentlich-rechtlichen und privatrechtlichen Sendern (ARD, NDR und RTL) (=Schriften zur Kulturwissenschaft, Bd. 67). Hamburg: Dr. Kovač (zugl. Hamburg, Univ., Diss., 2006).

DEVJATOV, Andrej; KUŠNIR, Ksenija (2013): Rossijsko-germanskie otnošenija: ot «strategičeskogo» k turbulentnomy partnerstvu? In: MAKARYČEV, Andrej (Hrsg.): Rossija i Germanija v prostranstve evropejskich kommunikacij. Kollektivnaja monografija. Tjumenskogo gosudarstvennogo universiteta: Tjumen', S. 43–51.

DITTMAR, Jakob (2011[2]): Grundlagen der Medienwissenschaft (=Berliner Schriften zur Medienwissenschaft, Bd. 8). Berlin: Universitätsverlag der TU.

DUBIV, Nadežda; LOGINOVA, Natal'ja; ČUVIL'KAJA; Elena (2013): Obrazy postsovetskoj Rossii v literaturnom i obščestvennom soznanii nemcev (1992–2011 gg.). In: MAKARYČEV, Andrej (Hrsg.): Rossija i Germanija v prostranstve evropejskich kommunikacij. Kollektivnaja monografija. Tjumenskogo gosudarstvennogo universiteta: Tjumen', S.184–192.

EBERLE, Carl-Eugen (2014): Staat und Medien – Zur Staatsferne des öffentlich-rechtlichen Rundfunks. In: GARSTKA, Hansjürgen; COY, Wolfgang (Hrsg.): Wovon – für wen – wozu. Systemdenken wider die Diktatur der Daten. Wilhelm Steinmüller zum Gedächtnis. Berlin: Helmholtz-Zentrum für Kulturtechnik, Humboldt-Universität zu Berlin, S. 287–300.

ECKOLDT, Matthias (2007): Medien der Macht – Macht der Medien (=Kaleidogramme, Bd. 29). Berlin: Kulturverlag Kadmos (zugl. Greifswald, Univ., Diss., 2006 u. d. T.: Das Dispositiv der Massenmedien. Eine systemtheoretisch-machtanalytische Untersuchung).

ENGELFRIED, Alexandra (2008): Das Porträt des Präsidenten: Wladimir Putin zwischen Kunst, Kultur und Kommerz. In: Du (=die Zeitschrift der Kultur, Bd. 68), 785/2008, S. 16–25.

ENGELFRIED, Alexandra (2012): Zar und Star. Vladimir Putins Medienimage. In: Osteuropa, 62, Jg. 5/2012, S. 47–67.

FES (2002): Deutschland und Europa in den Augen der Russen. Analytischer Bericht (Kurzversion). In: Institut für Komplexe Gesellschaftsstudien der Russischen Akademie der Wissenschaften in Zusammenarbeit mit der Friedrich-Ebert-Stiftung in Moskau.

FOGLESONG, David (2007): The American Mission and the "Evil Empire": The Crusade for a "Free Russia" since 1881. Cambridge; New York; Melbourne; Madrid; Cape Town; Singapore; São Paulo: Cambridge University Press.

FORSA (2007): Forsa-Untersuchung zum Russlandbild der Deutschen. Gesellschaft für Sozialforschung und statistische Analysen. Pressemitteilung. Abrufbar im Internet: www.lifepr.de/attachment/27442/PI_forsa_Unsere_Russen_de.pdf [Stand 28.05.2015].

FOUCAULT, Michel (2007[10]): Die Ordnung des Diskurses: Inauguralvorlesung am Collège de France, 2. Dezember 1970. Mit einem Essay von Ralf Konsermann (=Fischer Wissenschaft, Band 10083). Frankfurt a. M.: Fischer-Taschenbuch-Verlag.

FURCHERT, Dirk (1997): Konfliktmanagement in der Presse- und Öffentlichkeitsarbeit von Kommunen. Halle: Diplomica.

GASSNER; Florian (2013): Nemeckij obraz Rossii: predystorija XX veka. In: MAKARYČEV, Andrej (Hrsg.): Rossija i Germanija v prostranstve evropejskich kommunikacij. Kollektivnaja monografija. Tjumenskogo gosudarstvennogo universiteta: Tjumen', S. 133–152.

GAVRILOVA, Stella (2005): Die Darstellung der UdSSR und Russlands in der *Bild-Zeitung* 1985–1999: eine Untersuchung zu Kontinuität und Wandel deutscher Russlandbilder unter Berücksichtigung der Zeitungen *Die Welt*, *Süddeutsche Zeitung* und *Frankfurter Rundschau* (=Europäische Hochschulschriften, Reihe III: Geschichte und ihre Hilfswissenschaften, Bd. 1019). Frankfurt am Main; Berlin; Bern; Bruxelles; New York; Oxford; Wien: Peter Lang (zugl. Düsseldorf, Univ., Diss., 2004).

HAHN, Hans Henning; HAHN, Eva (2002): Nationale Stereotypen. Plädoyer für eine historische Stereotypenforschung. In: HAHN, Hans Henning; SCHOLZ, Stephan (Hrsg.): Stereotyp, Identität und Geschichte. Die Funktion von Stereotypen in gesellschaftlichen Diskursen (=Mitteleuropa – Osteuropa. Oldenburger Beitrage zur Kultur und Geschichte Ostmitteleuropas, Bd. 5). Frankfurt am Main; Berlin; Bern; Bruxelles; New York; Oxford; Wien: Peter Lang, S. 17–56.

HAHN, Hans Henning (2008): 12 Thesen zur Stereotypenforschung. In: HOFFMANN, Johannes (Hrsg.): Stereotypen, Vorurteile, Völkerbilder in Ost und West in Wissenschaft und Unterricht (=Studien der Forschungsstelle Ostmitteleuropa an der Universität Dortmund, Bd. 2). Wiesbaden: Harrassowitz Verlag, S. XI–XVII.

HERMAN, Edward; CHOMSKY, Noam (2002): Manufacturing Consent: The Political Economy of the Mass Media. With a new introduction by the authors. New York: Pantheon Books.

JAHN, Peter (1980): Russophilie und Konservatismus. Die russophile Literatur in der deutschen Öffentlichkeit 1831–1852. In: BERGMANN, Jürgen; KOTOWSKI, Georg; MEGERLE, Klaus; STEINBACH, Peter (Hrsg.): Geschichte und Theorie der Politik (=Unterreihe A, Geschichte, Bd. 2). Stuttgart: Klett-Cotta.

KADE, Gerhard (1983): Die Russen und wir (=Kleine Bibliothek: Politik; Wissenschaft, Zukunft, Bd. 312). Köln: Pahl-Rugenstein.

KASAMARA, Valeria; SOBOLEV, Anton (2012): The Image of Germany in the Russian Press and in the Eyes of the Russian Political Elite. In: KRUMM, Reinhard; MEDVEDEV, Sergei; SCHRÖDER, Hans-Henning (Hrsg.): Constructing Identities in Europe. German and Russian Perspectives (=Internationale Politik und Sicherheit, Stiftung Wissenschaft und Politik Berlin, Bd. 66). Baden-Baden: Nomos, S. 124–146.

KEK (2015): Fünfter Medienkonzentrationsbericht: Von der Fernsehzentrierung zur Medienfokussierung – Anforderungen an eine zeitgemäße Sicherung medialer Meinungsvielfalt. Bericht der Kommission zur Ermittlung der Konzentration im Medienbereich (KEK) über die Entwicklung der Konzentration und über Maßnahmen zur Sicherung der Meinungsvielfalt im privaten Rundfunk (=Schriftenreihe der Landesmedienanstalten, Bd. 49). Leipzig: Vistas.

KERIMOV, Ruslan (2010): Stereotipnyj obraz Rossii v germanskoj politike. In: ČUDINOV, Anatolij (Hrsg.): Obraz Rossii v zarubežnom političeskom diskurse: stereotipy, mify i metafory: Materialy Meždunarodnoj naučnoj konferencii. Ekaterinburg: GOU VPO «UrGPU», S. 72–76.

KERIMOV, Ruslan (2013): Teatral'naja metafora v nemeckom političeskom diskurse (kognitivnyj aspekt). In: Kemerovskogo gosudarstvennogo universiteta, Kemerovo, 24/2013, S. 206–216.

KOLESNIKOV, Vladimir; SEMENOV, Vladimir (2013): Političeskij menedžment. In: Učebnoe posobie (=Standart tret'ego pokolenija. Dlja bakalavrov). Sankt-Petersburg: Piter.

KÖCHER, Renate (2008): Das Russlandbild der Deutschen – das Deutschlandbild der Russen. Ergebnisse repräsentativer Bevölkerungsumfragen in Deutschland und Russland. Pressekonferenz des Petersburger Dialogs, gemeinsam mit dem Deutsch-Russischen Forum und dem Institut für Demoskopie Allensbach. Allensbach; Berlin: Institut für Demoskopie Allensbach. Abrufbar im Internet: http://www.deutsch-russisches-forum.de/20jahre/tl_files/drf/material/2008/Studie_Russlandbild_Praesentation-dt.pdf [Stand 28.05.2015].

KÖCHER, Renate (2014): Ein gefährliches Land. Eine Dokumentation des Beitrags. Institut für Demoskopie Allensbach. In: Frankfurter Allgemeine Zeitung, Nr. 90 vom 16. April 2014, S. 8. Abrufbar im Internet: http://www.ifd-allensbach.de/uploads/tx_reportsndocs/FAZ_April_2014_Russland.pdf [Stand 28.05.2015].

KRONE-SCHMALZ, Gabriele (1993[2]): ...an Rußland muß man einfach glauben: Meine Moskauer Jahre. Düsseldorf; Wien; Moskau; New York: ECON.

KRONE-SCHMALZ, Gabriele (1994[3]): Rußland wird nicht untergehen... Düsseldorf; Wien; New York; Moskau: ECON.

KRONE-SCHMALZ, Gabriele (2007[3]): Was passiert in Russland? München: Herbig.

KRUMM, Reinhard (2010): Der Medwedew-Faktor. Russlands gewünschte Modernisierung. In: Internationale Politikanalyse. Moskau; Bonn: Friedrich-Ebert-Stiftung.

KRUMM, Reinhard (2012): The Rise of Realism: Germany's Perception of Russia from Gorbachev to Medvedev. In: KRUMM, Reinhard; MEDVEDEV, Sergei; SCHRÖDER, Hans-Henning (Hrsg.): Constructing Identities in Europe. German and Russian Perspectives (=Internationale Politik und Sicherheit, Stiftung Wissenschaft und Politik Berlin, Bd. 66). Baden-Baden: Nomos, S. 114–123.

KRÜGER, Uwe (2013): Meinungsmacht: der Einfluss von Eliten auf Leitmedien und Alpha-Journalisten – eine kritische Netzwerkanalyse (=Reihe des Instituts für Praktische Journalismusforschung, Bd. 9). Köln: Halem (zugl. Leipzig, Univ., Diss. 2011).

KUSNEZOW, Artur; HORN, Miriam (2012): Deutschland und Russland – „weiche" Realpolitik? In: BRANDT, Peter (Hrsg.): Der große Nachbar im Osten: Beiträge zur Geschichte, zur Verfassung und zu den Außenbeziehungen Russlands (=Veröffentlichungen des Dimitris-Tsatsos-Instituts für Europäische Verfassungswissenschaften, Bd. 8). Berlin: Berliner Wissenschafts-Verlag, S. 185–210.

LIPPMANN, Walter (2004): Public Opinion. Mineola; New York: Dover Publications.

LOGAČEV, Sergej (2008): Metafora vojna v političeskom diskurse (na materiale nemeckich SMI). In: Izvestija Rossijskogo gosudarstvennogo pedagogičeskogo universiteta im. A. I. Gercena, Sankt-Petersburg, 49/2008, S. 94–97.

LONGWORTH, Philip (2005): Russia's Empires: Their Rise and Fall: From Prehistory to Putin. London: John Murray.

LOTH, Wilfried (1983): Der „Kalte Krieg" in der historischen Forschung. In: NIEDHART, Gottfried (Hrsg.): Der Westen und die Sowjetunion: Einstellungen und Politik gegenüber der UdSSR in Europa und in den USA seit 1917. Paderborn: Schöningh, S. 155–176.

LÜNENBORG, Margreth; BERGHOFER, Simon (2010): Politikjournalistinnen und -journalisten. Aktuelle Befunde zu Merkmalen und Einstellungen vor dem Hintergrund ökonomischer und technologischer Wandlungsprozesse im deutschen Journalismus. Eine Studie im Auftrag des Deutschen Fachjournalisten-Verbandes (DFJV) und der Gesellschaft für Fachjournalistik. Berlin: Institut für Publizistik- und Kommunikationswissenschaft. Arbeitsstelle Journalistik.

MAIJSTER, Štefan (2013): Vremja dlja peremen? Nemezkaja politika v otnošenii. In: MAKARYČEV, Andrej (Hrsg.): Rossija i Germanija v prostranstve evropejskich kommunikacij. Kollektivnaja monografija. Tjumenskogo gosudarstvennogo universiteta: Tjumen', S. 24–33.

MAKARYČEV, Andrej (2013a): Debaty o normalizacii i posttramatičeskie identičnosti v Rossii i Germanii. MAKARYČEV, Andrej (Hrsg.): Rossija i Germanija v prostranstve evropejskich kommunikacij. Kollektivnaja monografija. Tjumenskogo gosudarstvennogo universiteta: Tjumen', S. 34–43.

MAKARYČEV, Andrej (2013b): O «normal'nosti», «real'nosti» i interesach v germano-rossijskich otnošenijach: Vmesto zaključenija. In: MAKARYČEV, Andrej (Hrsg.): Rossija i Germanija v prostranstve evropejskich kommunikacij. Kollektivnaja monografija. Tjumenskogo gosudarstvennogo universiteta: Tjumen', S. 264–271.

MAKULKINA, Iryna (2013): Das metaphorische Russlandbild im deutschen Pressediskurs (=PHILOLOGIA: sprachwissenschaftliche Forschungsergebnisse, Bd. 177). Hamburg: Dr. Kovač (zugl. Berlin, Humboldt-Univ., Diss., 2012).

MALETZKE, Gerhard (1998): Kommunikationswissenschaft im Überblick: Grundlagen, Probleme, Perspektiven. Opladen; Wiesbaden: Westdt. Verlag.

MAREEVA, Svetlana (2010a): Obščaja ocenka situacii v strane i social'noe samočuvstvie rossijan. In: GORČKOV, Michail (Hrsg.): Gotovo li rossijskoe obščestvo k modernizacii. Analitičeskij doklad. Rossijskaja Akademija Nauk. Institut Sociologii. Podgotovlen v sotrudničestve c Predstavitel'ctvom Fona imeni Fridricha Eberta v Rossijskoj Federacii. Moskva: Institut Siciologii RAN, S. 5–18.

MAREEVA, Svetlana (2010b): Zapros rossijan na opredelennyj tip social'no-ėkonomičeskogo razvitija strany. In: GORČKOV, Michail (Hrsg.): Gotovo li rossijskoe obščestvo k modernizacii. Analitičeskij doklad. Rossijskaja Akademija Nauk. Institut Sociologii. Podgotovlen v sotrudničestve c Predstavitel'ctvom Fona imeni Fridricha Eberta v Rossijskoj Federacii. Moskva: Institut Siciologii RAN, S. 18–32.

MCLUHAN, Marshall (1964): Understanding Media: The Extensions of Man. New York; London: McGraw-Hill.

MCLUHAN, Marshall; FIORE, Quentin (2011): Das Medium ist die Massage: ein Inventar medialer Effekte. Übersetzt von Martin Baltes und Rainer Höltschl. Stuttgart: Tropen.

MEDVEDEV, Roj (2010): Sovetskij Sojus. Poslednie gody žizni. Konec sovetskoj imperii. AST MOSKVA: Moskva.

MERKUR'EVA, Vera; KOSTINA, Ksenija (2012): Jazykovaja reprezentacija obraza rossijskich prezidentov v sovremennom nemeckojazyčnom mediadiskurse. In: «Magister Dixit» – naučno-pedagogičeskij žurnal Vostočnoj Sibiri, 06/2012, S. 159–175.

MERTEN, Klaus; WESTERBARKEY, Joachim (1994): Public Opinion und Public Relations. In: MERTEN, Klaus; SCHMIDT, Siegfried; WEISCHENBERG, Siegfried (Hrsg.): Die Wirklichkeit der Medien: Eine Einführung in die Kommunikationswissenschaft. Wiesbaden: Springer Fachmedien, S. 188–211.

MUCHAMETOV, Ruslan Salichovič (2012): Vnešnepolitičeskie koncepcii SSSR. Ot proletarskogo internacionalizma do novogo myšlenija. In: Vestnik Čeljabinskogo gosudarstvennogo universiteta (=Političeskie nauki. Voctokovedenie. Vypusk 13, Geopolitika i problemy meždunarodnych otnošenij, 33/2012), S. 7–11.

NEMENSKIJ, Oleg (2013): Rusofobija kak ideologija. In: Voprosy nacionalizma. Žurnal naučnoj i obščestvenno-političeskoj mysli, 13/2013, S. 26–65.

OLDEWAGE, Felix (2012): Russia as Seen by German Political Experts on Foreign Affairs. In: KRUMM, Reinhard; MEDVEDEV, Sergei; SCHRÖDER, Hans-Henning (Hrsg.): Constructing Identities in Europe. German and Russian Perspectives (=Internationale Politik und Sicherheit, Stiftung Wissenschaft und Politik Berlin, Bd. 66). Baden-Baden: Nomos, S. 170–182.

PEUCKERT, Rüdiger (2003[8]): Vorurteil. In Schäfer, Bernhard (Hrsg): Grundbegriffe der Soziologie. Opladen: Leske+Budrich.

RAHR, Alexander (2012): Russland und die EU – Verflechtungen durch Energiekooperationen. In: BRANDT, Peter (Hrsg.): Der große Nachbar im Osten: Beiträge zur Geschichte, zur Verfassung und zu den Außenbeziehungen Russlands (=Veröffentlichungen des Dimitris-Tsatsos-Instituts für Europäische Verfassungswissenschaften, Bd. 8). Berlin: Berliner Wissenschafts-Verlag, S. 175–183.

RÖPER, Horst (1994): Das Mediensystem der Bundesrepublik Deutschland. In: MERTEN, Klaus; SCHMIDT, Siegfried; WEISCHENBERG, Siegfried (Hrsg.): Die Wirklichkeit der Medien: Eine Einführung in die Kommunikationswissenschaft. Wiesbaden: Springer Fachmedien, S. 506–543.

SAFIULLIN, Azat (2007): Perestrojka mechanizma formirovanija blagosostojanija naselenija v Rossii v period social'no-ėkonomičeskoj transformacii. In: Sovremennye naukoemkie technologii, Nr. 3/2007, S. 96–97.

SAIJKO, Evgenija (2013): Rossija v mediadiskurse Germanii: Kommentarii i ocenki nemeckich ėkspertov. In: MAKARYČEV, Andrej (Hrsg.): Rossija i Germanija v prostranstve evropejskich kommunikacij. Kollektivnaja monografija. Tjumenskogo gosudarstvennogo universiteta: Tjumen', S. 153–170.

SARCINELLI, Ulrich (2011[3]): Politische Kommunikation in Deutschland. Medien und Politikvermittlung im demokratischen System. Wiesbaden: Springer VS.

SCHERRER, Jutta (2014): Russland verstehen? Das postsowjetische Selbstverständnis im Wandel. In: Ukraine, Russland, Europa. Aus Politik und Zeitgeschichte, 64. Jg., 47–48/2014, S. 17–26.

SCHMIDT, Siegfried (2002): Medienwissenschaft und Nachbardisziplinen. In: RUSCH, Gerhard (Hrsg.): Einführung in die Medienwissenschaft. Konzeptionen, Theorien, Methoden, Anwendungen. Wiesbaden: Westdeutscher Verlag, S. 53–68.

SCHUBERT, Klaus; KLEIN, Martina (2011[5]): Das Politiklexikon: Begriffe. Fakten. Zusammenhänge. Bonn: Dietz.

SCHULZ, Winfried (2008[2]): Politische Kommunikation: Theoretische Ansätze und Ergebnisse empirischer Forschung. Wiesbaden: Springer VS.

SCHWEIGER, Wolfgang (2007): Theorien der Mediennutzung: Eine Einführung. Wiesbaden: VS Verlag für Sozialwissenschaften.

SCHWIESAU, Dietz, OHLER, Josef (2003): Die Nachricht: in Presse, Radio, Fernsehen, Nachrichtenagentur und Internet; ein Handbuch für Ausbildung und Praxis. München: List. Journalistische Praxis.

SEIFERT, Wolfgang (2008): Verfassungsordnung und Verfassungswirklichkeit in Russland. In: BRANDT, Peter (Hrsg.): Der große Nachbar im Osten: Beiträge zur Geschichte, zur Verfassung und zu den Außenbeziehungen Russlands (=Veröffentlichungen des Dimitris-Tsatsos-Instituts für Europäische Verfassungswissenschaften, Bd. 8). Berlin: Berliner Wissenschafts-Verlag, S. 101–159.

SOMMER, Gert (2004): Feindbilder. In: SOMMER, Gert; FUCHS, Albert (Hrsg.): Krieg und Frieden – Handbuch der Konflikt – und Friedenspsychologie. Weinheim: Beltz, S. 303–316.

SPANGER, Hans-Joachim (2005): Paradoxe Kontinuitäten. Die deutsche Russlandpolitik und die koalitionären Farbenlehren. In: HSFK-Report 12/2005.

SPANGER, Hans-Joachim; ZAGORSKY, Andrei (2012): Constructing a Different Europe: The Peculiarities of the German-Russian Partnership. In: KRUMM, Reinhard; MEDVEDEV, Sergei; SCHRÖDER, Hans-Henning (Hrsg.): Constructing Identities in Europe. German and Russian Perspectives (=Internationale Politik und Sicherheit, Stiftung Wissenschaft und Politik Berlin, Bd. 66). Baden-Baden: Nomos, S. 221–246.

SYWOTTEK, Arnold (1983): Die Sowjetunion aus westdeutscher Sicht seit 1945. In: NIEDHART, Gottfried (Hrsg.): Der Westen und die Sowjetunion: Einstellungen und Politik gegenüber der UdSSR in Europa und in den USA seit 1917. Paderborn: Schöningh, S. 289–362.

THOMASS, Barbara (2010): Medienlandschaft in Europa. In: Massenmedien. Informationen zur politischen Bildung, 4/2010, S. 75–76.

TICHONOVA, Natal'ja (2010): Social'naja modernizacija v sociologičeskom izmerenii. In: GORČKOV, Michail (Hrsg.): Gotovo li rossijskoe obščestvo k modernizacii. Analitičeskij doklad. Rossijskaja Akademija Nauk. Institut Sociologii. Podgotovlen v sotrudničestve c Predstavitel'ctvom Fona imeni Fridricha Eberta v Rossijskoj Federacii. Moskva: Institut Sociologii RAN, S. 32–46.

TIMMERMANN, Heinz (2007): Die deutsch-russischen Beziehungen im europäischen Kontext. In: Internationale Politik und Gesellschaft, FES, 1/2007, S. 101–122.

ULFKOTTE, Udo (2014[4]): Gekaufte Journalisten. Wie Politiker, Geheimdienste und Hochfinanz Deutschlands Massenmedien lenken. Rottenburg: Kopp.

VELIČKO, Svetlana (2005): Perestrojka v SSSR (1985–1991 gg.) v otečestvennoj i zarubežnoj istoriografii. In: Uzvestija Tomskogo političeskogo universiteta, Tomsk, 1/2005, S. 199–205.

VIŠNEVSKAJA, Asja (2013): Ėkonomičeskoe izmerenie «mjagkoj sily» v rossijsko-germanskich otnošenijach. In: MAKARYČEV, Andrej (Hrsg.): Rossija i Germanija v prostranstve evropejskich kommunikacij. Kollektivnaja monografija. Tjumenskogo gosudarstvennogo universiteta: Tjumen', S. 214–227.

VJAČESLAVOVNA, Tat'jana (2012): Metaforičeskoe modelirovanie rossijskich i amerikanskich prezidentskich vyborov v nemeckich SMI (2008g.). Uralskij gosudarstvennyj pedagogičeskij universitet (zugl. Diss.): Ekaterinburg.

VOLKOVA, I. V.; KLIMENKO, V. V.; SAFRAZ'JAN, L. T. (1997): Imidž političeskich liderov rossii v SMI. In: Mir Rossii, 3/1997, S. 43–74.

WASMUHT, Ulrike (1987): Feindbild. In: LUTZ, Dieter (Hrsg.): Lexikon Rüstung, Frieden, Sicherheit. Mit einer Einleitung von Egon Bahr (=Beck'sche Reihe, Bd. 323). München: Beck, S. 97–101.

WELLER, Christoph (1992): Feindbilder und ihr Zerfall. Eine Analyse des Einstellungswandels gegenüber der Sowjetunion (=Tübinger Arbeitspapiere zur Internationalen Politik und Friedensforschung, Nr. 18). Arbeitsgruppe Friedensforschung. Institut für Politikwissenschaft. Universität Tübingen.

WILKE, Jürgen (1999): Leitmedien und Zielgruppenorgane. In: WILKE, Jürgen (Hrsg.): Mediengeschichte der Bundesrepublik Deutschland. Bundeszentrale für politische Bildung. Köln: Böhlau, S. 302–329.

ZAKHARINE, Dmitri (2007): Über die Genese des Kapitalismus unter Anwesenden: Deutsch-russische Saunafreundschaften. In: Leviathan: Berliner Zeitschrift für Sozialwissenschaft. 35/2007, S. 256–271.

ZDRAVOMYSLOVA, Ol'ga (2005): Peretrojka i «Faktor Gorbačëva» v obščestvennom mnenii 1985–1991gg.: Zapadnaja Evropa, CŠA, CCCR. In: KUVALDIN, Viktor; VEBER, Alekcandr (Hrsg.): Proryv k svobode: O perestrojke dvadcat' let spustja (kritičeskij analiz). Al'pina Biznes Buks: Moskva, S. 342–361.

ZYKOVA, Antonina (2014): Zaren, Bären und Barbaren: Das mediale deutsche Russlandbild am Anfang des 21. Jahrhunderts und seine historischen Wurzeln (=Studien zur Geschichte Ost- und Ostmitteleuropas, Bd. 11). Herne: Gabriele-Schäfer.

ŽAKOVSKA, Magdalena (2010): Rossija – medved' v nemeckom karikature XIX i XX v. In: ČUDINOV, Anatolij (Hrsg.): Obraz Rossii v zarubežnom političeskom diskurse: stereotipy, mify i metafory: Materialy Meždunarodnoj naučnoj konferencii. Ekaterinburg: GOU VPO «UrGPU», S. 57–59.

ŽELTUCHINA, Marina; OMEL'ČENKO, Anatolij (2010): Sozdanie političeskogo imidža Rossii v zarubežnich SMI. In: ČUDINOV, Anatolij (Hrsg.): Obraz Rossii v zarubežnom političeskom diskurse: stereotipy, mify i metafory: Materialy Meždunarodnoj naučnoj konferencii. Ekaterinburg: GOU VPO «UrGPU», S. 60–62.

Internetquellen

Allgemeine Quellen zur Datenerhebung

AGF – Arbeitsgemeinschaft Fernsehforschung (2015): Marktanteile der AGF- und Lizenzsender im Tagesdurschnitt 2014. https://www.agf.de/daten/tvdaten/marktanteile/ [Stand 03.08.2015].

ARD-ZDF (2014): Durchschnittliche Nutzungsdauer der Medien 2014 in min./Tag. http://www.ard-zdf-onlinestudie.de/?id=483 [Stand 18.05.2015].

IVW – Informationsgemeinschaft zur Feststellung der Verbreitung von Werbeträgern e. V. (2015): Quartalsauflagen der Printmedien. http://www.ivw.eu/aw/print/qa/titel/ [Stand 04.08.2015].

RISI – *Rossijskij Institut Stretegičeskich Issledovannij* (2015): „Rossija v Mire". Analiz materialov zarubežnych SMI. http://ria.ru/trend/Russia_media_analytics_14112014/ [Stand 09.06.2015].

ZAW – Zentralverband der deutschen Werbewirtschaft (2013): Nettoumsatzentwicklung der Werbeträger 2013. http://www.zaw.de/zaw/branchendaten/nettoumsatzentwicklung-positionen-der-werbetraeger-2013/ [Stand 18.05.2015]

Onlineartikel

BAHR, Egon (1963): Wandel durch Annäherung. Rede in der Evangelischen Akademie Tutzing [Tutzinger Rede], 15. Juli 1963. http://www.1000dokumente.de/index.html?c=dokument_de&dokument=0091_bah&l=de [Stand 21.06.2015].

BATHON, Roland (2014): *Russland in Deutschland: Fataler Verbündetenwechsel.* In: russland.RU, 20.10.2014. http://www.russland.ru/russland-in-deutschland-fataler-verbuendetenwechsel/ [Stand 08.06.2015].

DRPR – Deutscher Rat für Public Relations (2002): Strafaktionen gegen Presseberichte. http://drpr-online.de/01-2002-strafaktionen-gegen-presseberichte/ [Stand: 19.05.2015].

DUDEN Online (2015): Eintrag zu „Russland". http://www.duden.de/rechtschreibung/Russland [Stand 05.08.2015]

EUROTOPICS (2015): Medienindex. Bundeszentrale für politische Bildung. http://www.eurotopics.net/de/home/medienindex/ [Stand 23.06.2015].

GOETHE Institut (2015): Deutschsprachige Zeitschriften und Zeitungen. http://www.goethe.de/wis/med/prj/dzz/deindex.htm [Stand 23.06.2015].

GÜLLNER, Manfred (2011): Die Deutschen haben ein positives Russlandbild. In: Cicero. Magazin für politische Kultur, 21.07.2011. http://www.cicero.de/weltbuehne/die-deutschen-haben-ein-positives-russlandbild/42425 [Stand 07.06.2015].

MÜLLER-NEUHOF, Jost; SAGATZ, Kurt (2014): Urteil zum ZDF-Staatsvertrag. Verfassungsgericht: Politik hat zu viel Einfluss auf öffentlich-rechtlichen Rundfunk. In: Der Tagesspiegel, 25.03.2014. http://www.tagesspiegel.de/medien/urteil-zum-zdf-staatsvertrag-verfas sung sgericht-politik-hat-zu-viel-einfluss-auf-oeffentlich-rechtlichen-rundfunk/9663170.ht ml [Stand 26.05.2015].

PLOTNIKOV, Nikolaj (2003): «Russkij žanr» v nemeckoj presse. In: Otčestvennye zapiski, Nr. 472003, Konez SMI. http://www.strana-oz.ru/2003/4/russkiy-zhanr-v-nemeckoy-presse [Stand 23.06.2015].

PUTIN, Vladimir (2007): Vystupenie i diskussija na Mjunchenskoj konferencii po voprosam politiki bezopasnosti. Vstreči s predstaviteljam različnych soobščestv, 10.02.2007. http://archive.kremlin.ru/appears/2007/02/10/1737_type63374type63376type63377type63381type82634_118097.shtml [Stand 06.07.2015].

SCHADE, Marvin (2014): Klage abgewiesen: Zeit-Herausgeber Joffe scheitert gegen ZDFs „Die Anstalt". In: Meedia. Deutschlands großes Medien-Portal, 21.11.2014. http://meedia.de/2014/11/21/klage-abgewiesen-zeit-herausgeber-joffe-scheitert-gegen-zdfs-die-anstalt/ [Stand 16.06.2014].

THOMASS, Barbara; RADOSLAVOV, Stoyan (2014): Unabhängigkeit und Staatsferne – nur ein Mythos? http://www.bpb.de/gesellschaft/medien/medienpolitik/172237/unabhaengigkeit-und-staatsferne-ein-mythos?p=0 [Stand 26.05.2015].

TREGUBOWA, Elena (2006): „Schweigen heißt Mittäterschaft". Ein offener Brief der russischen Journalistin Elena Tregubowa an Kanzlerin Merkel zum Mord an ihrer Moskauer Kollegin Anna Politkowskaja. In: Die Zeit, 12.10.2006. http://www.zeit.de/2006/42/Offener_Brief [Stand 19.06.2015].

WITTICH, Dietmar (2005): Deutschland und die Deutschen in den Augen der Russen. Ergebnisse eines russisch-deutschen Projektes anlässlich des 60. Jahrestages des 8. Mai 1945. In: AG Friedensforschung. Veranstalter des Friedenspolitischen Ratschlags. http://www.ag-friedensforschung.de/themen/Befreiung/deutschl-russl.html [Stand 09.06. 2015].

Umfragen und Studien (nur online)

FOM: Der *Fond Obščestvennoe Mnenie* ist eine russische Non-Profit Organisation, die mehrere Untersuchungen zu den verschiedensten Themen durchführt.

FOM (2001): M. Gorbačëv: istoričeskaja rol'. Opros naselenija. Umfrage vom 28.02.2001. http://bd.fom.ru/report/map/dd010734#tb010710 [Stand 09.06.2015].

FOM (2006): Michail Gorbačëv, prezident SSSR. Opros naselenija. Umfrage vom 23.02.2006. http://bd.fom.ru/report/map/dd060826 [Stand 09.06.2015].

MIGDISOVA, Svetlana; PETRENKO, Elena (1994): Bolee poloviny oprošennych ne soglasny s tem, čto kandidatom ot demokratičeskich sil dolžen byt' Boris El'cin. Umfrage vom 09.09.1994. http://bd.fom.ru/report/map/of19942403 [Stand 09.06.2015].

PETROVA, Anna (1998a): Po mneniju bol'šinstva rossijan, Boris El'cina nezdorov. Umfrage vom 10.09.1998. http://bd.fom.ru/report/map/of19983603 [Stand 09.06.2015].

PETROVA, Anna (1998b): Boris El'cin: sem' let prezidentstva. Umfrage vom 25.06.1998. http://bd.fom.ru/report/map/of19982501 [Stand 09.06.2015].

LEVADA-CENTR: Das Levada-Zentrum ist ein unabhängiges Meinungsforschungsinstitut mit Sitz in Moskau. Die Umfragen wurden vom 19.–22.04.2013 mit 1601 Menschen ab 18 Jahren in den unterschiedlichen Regionen Russlands durchgeführt und mit früheren Datenerhebungen vergleichen.

LEVADA-CENTR (2013a): Odobrenie prezidenta i pravitel'ctva, rejting partij. http://www.levada.ru/15-05-2013/odobrenie-prezidenta-i-pravitelstva-reiting-partii [Stand 09.06.2015].

LEVADA-CENTR (2013b): Obščestvennoe mnenie o vlasti i 4-m sroke Putina. http://www.levada.ru/07-05-2013/obshchestvennoe-mnenie-o-vlasti-i-4-m-sroke-putina [Stand 09.06.2015].

VCIOM: Das *Vserossijskij Centr Izučenija Obščestvennogo Mnenija* ist ein staatliches Institut zur Meinungsforschung mit Sitz in Moskau. Bei den Umfragen wurden je 1600 Menschen aus den verschiedenen Regionen in Russland befragt. Je nach Auswahlmöglichkeiten kann es zu einem Gesamtwert von über 100 % kommen. Die Nummern stehen für die einzelnen Fragen. [Stand 03.07.2015]

Q49/2001: http://wciom.ru/zh/print_q.php?s_id=328&q_id=26457&date=15.11.2001
42/2004: http://wciom.ru/zh/print_q.php?s_id=19&q_id=1577&date=15.07.2004
22/2005: http://wciom.ru/zh/print_q.php?s_id=43&q_id=3686&date=18.11.2005
42/2005: http://wciom.ru/zh/print_q.php?s_id=139&q_id=11762&date=07.12.2005
19/2005: http://wciom.ru/zh/print_q.php?s_id=188&q_id=15534&date=28.09.2005
31/2013: http://wciom.ru/zh/print_q.php?s_id=905&q_id=62936&date=28.04.2013
30/2014: http://wciom.ru/zh/print_q.php?s_id=961&q_id=66002&date=11.05.2014
31/2014: http://wciom.ru/zh/print_q.php?s_id=995&q_id=68471&date=30.11.2014
20b/2014:http://wciom.ru/zh/print_q.php?s_id=983&q_id=67626&date=21.09.2014
35/2014: http://wciom.ru/zh/print_q.php?s_id=995&q_id=68475&date=30.11.2014
36a/2014: http://wciom.ru/zh/print_q.php?s_id=995&q_id=68476&date=30.11.2014
36b/2014: http://wciom.ru/zh/print_q.php?s_id=995&q_id=68477&date=30.11.2014
36c/2014: http://wciom.ru/zh/print_q.php?s_id=995&q_id=68478&date=30.11.2014

Videos

ZDF – Die Anstalt (2014): Politsatire mit Max Uthoff und Claus von Wagner. ZDF, Sendung vom 29.04.2014. https://www.youtube.com/watch?v=tAPu3OnOSnE [Stand 04.08.2015].

KRONE-SCHMALZ, Gabriele (2014): Das darf nicht sein. Interview für ZAPP – Das Medienmagazin. Norddeutscher Rundfunk. Sendung vom 16.04.2014. http://www.ndr.de/fernsehen/sendungen/zapp/Gabriele-Krone-Schmalz-Das-darf-nicht-sein,zapp7411.html [Stand 09.06.06.2015].

LOZO, Ignaz (2010): Mythos Gorbatschow – der traurige Held der Perestroika. ZDF-Dokumentation. Erstausstrahlung am 10.03.2010. [Stand 17.06.2015]:
https://www.youtube.com/watch?v=v8jXogV4GNU (Teil a),
https://www.youtube.com/watch?v=KrvnKxg9axU (Teil a),
https://www.youtube.com/watch?v=UVgGjIgSbhc (Teil a),
https://www.youtube.com/watch?v=DidRHjl9FZc (Teil 4).

Zeitungsartikel[69]

Abonnement- und Kaufzeitungen

WELT
Artikel zwischen August 2000 und Januar 2001 – Unglück Kursk
Artikel im September 2001 – Rede im deutschen Bundestag
Artikel zwischen Oktober 2002 und Januar 2003 – Geiselnahme im Dubrovka-Theater
Artikel im März 2003 – Referendum in Čečnja
Artikel zwischen November 2003 und März 2004 – Präsidentschaftswahlen der RF
Artikel zwischen September 2004 und Dezember 2004 – Beslan
Artikel zwischen Dezember 2005 und März 2006 – Gaskrise 2005

FAZ
Artikel zwischen August und Dezember 2000 – Unglück Kursk
Artikel im September 2001 – Rede im deutschen Bundestag
Artikel zwischen Oktober 2002 und Januar 2003 – Geiselnahme im Dubrovka-Theater
Artikel zwischen Dezember 2005 und März 2006 – Gaskrise 2005
Artikel zwischen Dezember 2007 und August 2008 – Präsidentschaftswahlen in der RF/ Kaukasuskrieg

SZ
Artikel zwischen August und Dezember 2000 – Unglück Kursk
Artikel zwischen Oktober 2002 und Januar 2003 – Geiselnahme im Dubrovka-Theater
Artikel zwischen Oktober 2007 und März 2008 – Putins Rede in München und Wahlen
Artikel zwischen März 2007 und Mai 2010 – Kaukasuskrieg

BILD
Artikel zwischen August und Dezember 2000 – Unglück Kursk
Artikel im März 2003 – Referendum in Čečnja
Artikel zwischen September 2004 und Dezember 2004 – Beslan
Artikel zwischen März 2008 und Juni 2008 – Präsidentschaftswahlen in der RF
Artikel zwischen August 2008 und Februar 2009 – Kaukasuskrieg

Nachrichtenmagazine

SPIEGEL
Heft 35/2000: Krieg gegen das Volk (Ilsemann, Siegesmund; Klussmann, Uwe; Meyer, Fritjof; Neef, Christian), S. 148–150.
Heft 41/2001: Die neue Allianz (Hogrefe, Jürgen; Koch, Dirk; Palmer, Hartmut; Rosenkranz, Gerd), S. 22–26.
Heft 10/2004: Taktisches Manöver, S. 98.
Heft 21/2001: Angst vor Glasnost, S. 155.
Heft 53/2004: Schulter an Schulter (Schmitz, Christoph), S. 28.

[69] Hierbei handelt es sich um eine grobe Übersicht über die Artikel der einzelnen Medientitel, die in den genannten Zeiträumen im Zusammenhang mit den jeweiligen Ereignissen erschienen sind.

Heft 53/2004: Die Kinder von Beslan – Geschichte eines Verbrechens. Putins Ground Zero (Buse, Uwe; Fichtner, Ullrich; Kaiser, Mario; Klussmann, Uwe; Mayr, Walter; Neef, Christian), S. 65–102.

Heft 38/2007: Extrem verschwiegen (Klussmann, Uwe), S. 156–158.

Heft 09/2008: Der Traum des Zarewitsch (Klussmann, Uwe; Mayr, Walter; Neef, Christian; Schepp, Matthias), S. 116–122.

Heft19/2008: Das gibt Krieg (Klussmann, Uwe), S. 120–122.

Spiegel Geschichte 01/2012: Das Russland der Zaren: Putin ist ein Zar (Klussmann, Uwe und Pieper, Dietmar im Gespräch mit Alexander Rahr), S. 140–144.

FOCUS

Heft 44/2002: Tage des Schreckens (Reitschuster, Boris; Dometeit, Gudrun), S. 214–222.

Heft 45/2002: Putins Vendetta (Reitschuster, Boris; Dometeit, Gudrun; Gottschling, Claudia), S. 222–225.

Anhang

Anlage 1 Mediensituation der führenden Printmedien (1. Quartal 2015)

Zeitung	Verlag	Verlagsgruppe	Haupts. Vertriebsart	Erscheinung	Verkauf
BILD		Axel-Springer-SE	Kaufzeitung	Tageszeitung	2.220.875
SZ		Süddeutscher Verlag	Abonnement-Zeitung	Tageszeitung	392.204
FAZ		FAZ	Abonnement-Zeitung	Tageszeitung	277.314
WELT (Welt kompakt)	WeltN24 GmbH	Axel-Springer-SE	Abonnement-Zeitung	Tageszeitung	201.159
FR*		FR GmbH	Abonnement-Zeitung	Tageszeitung	129.786
Handelsblatt		Verlagsgruppe Handelsblatt	Abonnement-Zeitung	Tageszeitung	121.930
taz		die tageszeitung Verlagsgenossenschaft	Abonnement-Zeitung	Tageszeitung	54.748
Neues Deutschland		Neues Deutschland Druckerei und Verlags GmbH	Abonnement-Zeitung	Tageszeitung	30.480
Die ZEIT	Zeit Verlag Gerd Bucerius	Gruner + Jahr	Abonnement-Zeitung	Wochenzeitung	505.073
SPIEGEL	Spiegel-Verlag Rudolf Augstein GmbH & Co. KG	Gruner+Jahr	Nachrichten-Magazin	Wochenzeitung	882.673
STERN		Gruner+Jahr	Nachrichten-Magazin	Wochenzeitung	753.766
FOCUS		Hubert Burda Media	Nachrichten-Magazin	Wochenzeitung	516.496

(*seit 2013 nicht mehr gesondert ausgewiesen;
Angaben nach Ivw 2015: Quartalsauflagen ab 30.000 verkauften Exemplaren)

Zeitleiste

1985

11.03.1985	Gorbačëv wird nach Černenkos Tod Generalsekretär der KPdSU → Ankündigung und Beginn von Glasnost' und Perestrojka
19.–20.11.1985	Genfer Gipfeltreffen

1986

15.01.1986	Gorbačëvs Drei-Stufen-Plan zum Abbau der Atomwaffen
26.04.1986	Katastrophe von Černobyl'
14.05.1986	1. offizielle Stellungnahme zu Černobyl'
28.07.1986	Teilabzug sowjetischer Truppen aus Afghanistan
16.10.1986	Kohls Vergleich von Gorbačëv mit Goebbels

1987

25.01.1987	Deutsche Bundestagswahl: Kohl (CDU) bleibt im Amt
27.01.1987	Perestrojka-Rede von Gorbačëv
28.05.1987	Rust-Landung in Moskau
08.12.1987	Doppel-Null-Lösung auf dem Gipfeltreffen in Washington von Reagan und Gorbačëv (INF-Verträge)

1988

08.02.1988	Ankündigung des Abzugs sowjetischer Truppen aus Afghanistan
29.05.–02.06.1988	4. Gipfeltreffen in Moskau zwischen Gorbačëv und Reagan (Austausch der Dokumente des INF-Vertrags)
01.10.1988	Gorbačëv wird Vorsitzender des Obersten Sowjets
24.–27.10.1988	Kohls Staatsbesuch in der UdSSR
07.12.1988	Gorbačëvs Abrüstungsrede auf der UNO-Vollversammlung in New York

1989

15.02.1989	Ende der sowjetischen Intervention in Afghanistan
26.03.1989	El'cin wird Mitglied des Kongresses der Sowjetunion (ab Mai im Obersten Sowjet)
23.05.1989	Wahl zum deutschen Bundespräsidenten: Richard von Weizsäcker (CDU) wird wiedergewählt
25.05.1989	Wahl Gorbačëvs zum Staatspräsidenten mit besonderer Vollmacht durch den neuen Kongress der Volksdeputierten

12.–16.06.1989	Gorbačëvs Staatsbesuch in der BRD
07.07.1989	Auflösung der Brežnev-Doktrin
07.10.1989	40. Jahrestag der DDR
09.11.1989	Fall der Berliner Mauer

1990

10.02.1990	Gorbačëvs offizielle Zustimmung zur deutschen Einheit
11.03.1990	Unabhängigkeitserklärung Litauens
14.03.1990	Volksdeputierte wählen Gorbačëv zum Staatspräsidenten der UdSSR (59,2 %)
27.03.1990	Gorbačëvs Ankündigung zur Einführung der Marktwirtschaft und Dezentralisierung der UdSSR
12.06.1990	Annahme der Souveränitätserklärung der RSFSR durch den Kongress → bis 1991 folgen die anderen Unionsrepubliken
12.07.1990	El'cin tritt aus der KPdSU aus
01.08.1990	Öffnung der Pressefreiheit (UdSSR)
12.09.1990	Gorbačëv und Kohl unterzeichnen den Zwei-Plus-Vier-Vertrag
24.09.1990	Gorbačëv erhält Sondervollmacht bis 31.03.1992
01.10.1990	Einführung der Religionsfreiheit (UdSSR)
03.10.1990	Deutsche Wiedervereinigung
09.10.1990	Offizielle Gleichstellung aller Parteien (UdSSR)
09.11.1990	Unterzeichnung des Vertrags über gute Nachbarschaft in Bonn von Gorbačëv und Kohl
10.12.1990	Gorbačëv erhält den Friedensnobelpreis in Oslo
19.12.1990	Offizielles Ende des Kalten Krieges (Unterzeichnung der KSZ-Charta in Paris)

1991

13.01.1991	Vilniusser Blutsonntag
31.03.1991	Auflösung der Warschauer Vertragsorganisation (WVO)
12.06.1991	1. Freie Präsidentschaftswahlen der RSFSR/RF →El'cin wird Präsident (57,3 %)
10.07.1991	El'cins Vereidigung
31.07.1991	Bush und Gorbačëv unterzeichnen START-Vertrag in Moskau
19.–21.08.1991	Augustputsch in Moskau
24.08.1991	Offizieller Rücktritt Gorbačëvs vom Amt des Generalsekretärs der KPdSU
29.08.1991	Verbot der KPdSU durch El'cin

01.11.1991	Präsident von Čečnja erklärt Unabhängigkeit (nicht anerkannt)
08.12.1991	GUS-Gründung durch Weißrussland, Ukraine und Russland → Auflösung der UdSSR (ohne Gorbačëv)
25.12.1991	Offizieller Rücktritt Gorbačëvs vom Amt des Staatspräsidenten der UdSSR
31.12.1991	UdSSR wird offiziell aufgelöst
1992	
15.06.1992	Gajdar wird kommissarischer Regierungschef der RF
14.12.1992	Černomyrdin wird Regierungschef
1993	
21.09.1993	Verfassungswidrige Auflösung des Kongresses der Volksdeputierten durch El'cin (Verfassungskrise) → Parlament wählt Vizepräsident Ruckoj zum Präsidenten
03.–04.10.1993	El'cins Beschuss des Weißen Hauses
12.12.1993	1. Parlamentswahlen der RF; Annahme der neuen Verfassung
25.12.1993	Inkrafttreten der neuen Verfassung der RF
1994	
23.05.1994	Wahl zum deutschen Bundespräsidenten: Roman Herzog (CDU)
22.06.1994	Beitritt der RF in *Partnership for Peace* (PfP)
24.06.1994	Partnerschaftsabkommen der EU und RF
08.07.1994	El'cin wohnt G7-Treffen bei
31.08.1994	Endgültiger Abzug russischer (sowjetischer) Truppen aus dem Baltikum und aus Deutschland
11.12.1994	Militärische Intervention RF in Čečnja (Beginn des 1. Čečnja-Kriegs)
1995	
17.12.1995	Parlamentswahlen RF
1996	
16.06.–03.07.1996	Präsidentschaftswahlen RF El'cin setzt sich gegen Zjuganov durch
09.08.1996	El'cins Vereidigung
31.08.1996	Ende des 1. Čečnja-Kriegs (Friedensabkommen)
1997	
05.01.1997	Endgültiger Rückzug sowjetischer Truppen aus Afghanistan

1998

23.03.1998	Entlassung Černomyrdins und Ernennung Kirienkos durch El'cin
17.08.1998	Fallender Rubelkurs (Abwertung) → Beginn der Finanzkrise mit insolventen Banken/ Zahlungsunfähigkeit und Einfrieren von Privatkonten
23.08.1998	Entlassung Kirienkos durch El'cin →Černomyrdin wird kommissarischer Ministerpräsident
11.09.1998	Primakov wird Ministerpräsident nach Ablehnung des von El'cin vorgeschlagenen Černomyrdins durch die Duma (Regierungskrise und El'cins gesundheitlich bedingte Pause)
27.10.1998	Bundestagswahl: Schröder (SPD) wird Bundeskanzler der BRD

1999

12.03.1999	NATO-Osterweiterung: Beitritt Polens, Tschechiens und Ungarns
12.05.1999	Stepašin wird Ministerpräsident der RF
15.05.1999	Verfahren zur Amtsenthebung El'cins durch Parlament der RF scheitert an der 2/3 Mehrheit
23.05.1999	Wahl zum deutschen Bundespräsidenten: Johannes Rau (SPD)
07.08.1999	Rebellenführer Basaev (Čečnja) proklamiert in Dagestan die Islamische Republik (Dagestankrieg)
09.08.1999	Putin wird von El'cin zum neuen Regierungschef der RF ernannt
31.08.1999	Serie von Bombenanschlägen in Moskau
04.09.1999	Explosion einer Autobombe in einem Wohnhaus in Bujnaksk, Dagestan
08.09.1999	Explosion einer Bombe in einem Moskauer Wohnhaus
16.09.1999	Autobombe explodiert in einem Wohnhaus in Volgodonsk, Oblast Rostov → militärische Intervention in der Kaukasusrepublik unter Putin
20.09.1999	Tod von Raisa Gorbačëva
13.11.1999	Erneute Explosion in einem Moskauer Wohnhaus → Regierung der RF macht Kämpfer aus Čečnja dafür verantwortlich
01.10.1999	Offizieller Einmarsch in Čečnja mit umstrittener Legitimation (Beginn des 2. Čečnja-Kriegs)
03.12.1999	El'cins vorzeitiger Rücktritt /Putin wird kommissarischer Präsident der RF → Immunität El'cins und seiner Familie auf Lebenszeit

19.12.1999	Parlamentswahlen der RF
2000	
26.03.2000	Präsidentschaftswahlen der RF: Putin setzt sich gegen Zjuganov durch
17.05.2000	Kas'janov wird offiziell zum Ministerpräsidenten ernannt
08.06.2000	Ernennung Kadyrovs zum Verwaltungschef Čečnjas
12.08.2000	Unglück Kursk
30.12.2000	Wiedereinführung der Melodie der sowjetischen Nationalhymne (mit verändertem Text)
2001	
14.04.2001	Ermittlungen und strafrechtliche Verfolgung Gusinskijs
11.09.2001	Terroranschläge in den USA
25.09.2001	Putins Rede im Deutschen Bundestag
01.12.2001	Offizielle Gründung der Partei *Edinaja Rossija*
2002	
26.–27.06.2002	Offizielle Teilnahme der RF am G8-Treffen (ehemals G7)
26.09.2002	Angriff Čečnjas auf die Republik Ingušetija
22.10.2002	Deutsche Bundestagswahl: Schröder wird im Amt des Bundeskanzlers bestätigt
23.–26.10.2002	Geiselnahme im Dubrovka-Theater in Moskau
27.12.2002	Anschlag auf das Regierungsgebäude Čečnjas in Groznyj
2003	
23.03.2003	Referendum in Čečnja über eine unabhängige Republik (95 % stimmen für den Verbleib in der RF)
30.05.2003	Eröffnung des rekonstruierten Bernsteinzimmers in Puškin von Schröder und Putin anlässlich des 300. Jahrestags der Stadt Sankt-Petersburg
05.10.2003	Präsidentschaftswahlen in Čečnja (Kadyrov)
25.10.2003	Festnahme Chodorkovskijs aufgrund von Betrug und Steuerhinterziehung → Jukos-Affäre
07.12.2003	Parlamentswahlen der RF
2004	
24.02.2004	Entlassung Kas'janovs (Christenko wird kommissarischer Ministerpräsident)

05.03.2004	Ernennung Fradkovs zum Ministerpräsidenten
14.03.2004	Präsidentschaftswahlen der RF: Putin gewinnt mit mehr als 2/3 der Stimmen
29.03.2004	NATO-Osterweiterung: Beitritt Bulgariens, Estlands, Lettlands, Litauens, Rumäniens, Sloweniens und der Slowakei
06.04.2004	Selbstmordattentat in der Moskauer Metro
09.05.2004	Kadyrov stirbt bei einem Bombenanschlag in Groznyj →Ernennung Alchanovs zum Präsidenten von Čečnja
23.05.2004	Wahl zum deutschen Bundespräsidenten: Horst Köhler (CDU)
22.06.2004	Erneuter Angriff auf die Republik Ingušetija
01.09.2004	Geiselnahme in einer Schule von Beslan durch Separatisten Čečnjas
13.09.2004	Reformierung (Machtzentralisierung) durch Putin
20.12.2004	Ankündigung einer vorzeitigen Rückzahlung von Altschulden der RF

2005

01.07.2005	Misstrauensvotum im Deutschen Bundestag und dessen Auflösung am 21.07.2005
08.09.2005	Unterzeichnung zum Bau der deutsch-russischen Ostsee-Erdgaspipeline
14.11.2005	Ernennung Medvedevs zum 1. stellvertretenden Ministerpräsidenten der RF
22.11.2005	Merkel (CDU) wird durch die vorgezogenen Neuwahlen Bundeskanzlerin der BRD

2006

01.01.2006	Einstellung der Gaslieferungen der RF an Ukraine nach vorangegangenem Konflikt
30.03.2006	Schröder wird Vorsitzender im Aufsichtsrat der NEGP-Company
10.06.2006	Tod Basaevs
22.06.2006	Überreichung des Großkreuzes der Ehrenlegion Frankreichs an Putin durch Chirac
01.07.2006	Freie Konvertibilität des Rubels
15.–16.07.2006	G8-Treffen in Sankt-Petersburg
07.10.2006	Ermordung der Journalistin Politkovskajas in Moskau
21.10.2006	RF lehnt Energiecharta der EU ab

23.11.2006	Ehemaliger Nachrichtendienstler und Journalist Litvinenko stirbt an einer Polonium-Vergiftung im Londoner Krankenhaus
2007	
21.01.2007	Soči-Treffen von Putin und Merkel
10.02.2007	Putins Rede auf der Münchner Sicherheitskonferenz
02.03.2007	Kadyrovs Sohn wird Präsident von Čečnja
23.04.2007	Tod El'cins
14.07.2007	Aussetzung des KSE-Vertrages seitens der RF
14.09.2007	Zubkov wird Ministerpräsident der RF
02.12.2007	Parlamentswahlen der RF
10.12.2007	Medvedevs Bekanntgabe seiner Kandidatur um das Präsidentschaftsamt
2008	
02.03.2008	Präsidentschaftswahlen der RF: Medvedev gewinnt mit mehr als 70 % gegen Zjuganov
15.04.2008	Putin übernimmt Vorsitz von *Edinaja Rossija* (ohne direkte Mitgliedschaft)
07.05.2008	Medvedevs offizielle Amtseinführung
08.05.2008	Putin wird auf Vorschlag Medvedevs Ministerpräsident
07.–16.08.2008	Kaukasus-Krieg (Georgien)
2009	
01.04.2009	NATO-Osterweiterung: Beitritt Albaniens und Kroatiens
16.04.2009	Offizielles Ende des 2. Čečnja-Kriegs
23.05.2009	Wahl zum deutschen Bundespräsidenten: Horst Köhler (CDU) wird wiedergewählt
06.07.2009	Medvedev und Obama unterzeichnen Nachfolgeabkommen des START-Abkommens von 1991
27.09.2009	Deutsche Bundestagswahl: Merkel behält das Amt
2010	
10.03.2010	Kampagne *Putin dolžen ujti*
11.05.2010	Medvedev unterzeichnet Verfassungsänderung für die verlängerte Amtszeit des Präsidenten auf 6 Jahre und des Parlaments auf 5 Jahre
30.06.2010	Wahl zum deutschen Bundespräsidenten nach vorzeitigem Rücktritt Köhlers: Christian Wulff (CDU)
07.–08.2010	Waldbrände in weiten Teilen der RF

2011

06.05.2011	Gründung von *Obščerossijskij Narodnyj Front* (*ONF*)
24.09.2011	Medvedev schlägt Putin zum Präsidenten der RF vor
09.12.2011	Putin erhält Konfuzius-Friedenspreis

2012

04.03.2012	Putin wird zum Präsidenten der RF gewählt
18.03.2012	Wahl zum deutschen Bundespräsidenten nach vorzeitigem Rücktritt Wulffs: Joachim Gauck (parteilos)
07.05.2012	Inauguration Putins → Demonstrationen in der RF
08.05.2012	Medvedev wird von der Duma mehrheitlich als Ministerpräsident bestätigt
26.05.2012	Medvedev wird Vorsitzender von *Edinaja Rossija*

Literatur und Kultur im mittleren und östlichen Europa

herausgegeben von Reinhard Ibler

ISSN 2195-1497

1 *Elisa-Maria Hiemer*
Generationenkonflikt und Gedächtnistradierung
Die Aufarbeitung des Holocaust in der polnischen Erzählprosa des 21. Jahrhunderts
ISBN 978-3-8382-0394-2

2 *Adam Jarosz*
Przybyszewski und Japan
Bezüge und Annäherungen
Mit einem Vorwort von Hanna Ratuszna und Quellentexten in Erstübertragung
ISBN 978-3-8382-0436-9

3 *Adam Jarosz*
Das Todesmotiv im Drama von Stanisław Przybyszewski
ISBN 978-3-8382-0496-3

4 *Valentina Kaptayn*
Zwischen Tabu und Trauma
Kateřina Tučkovás Roman *Vyhnání Gerty Schnirch* im Kontext der tschechischen Literatur über die Vertreibung der Deutschen
ISBN 978-3-8382-0482-6

5 *Reinhard Ibler (Hg.)*
Der Holocaust in den mitteleuropäischen Literaturen und Kulturen seit 1989
The Holocaust in the Central European Literatures and Cultures since 1989
ISBN 978-3-8382-0512-0

6 *Iris Bauer*
Schreiben über den Holocaust
Zur literarischen Kommunikation in Marian Pankowskis Erzählung *Nie ma Żydówki*
ISBN 978-3-8382-0587-8

7 *Olga Zitová*
Thomas Mann und Ivan Olbracht
Der Einfluss von Manns Mythoskonzeption auf die karpatoukrainische Prosa des tschechischen Schriftstellers
ISBN 978-3-8382-0633-2

8 *Trixi Jansen*
Der Tod und das Mädchen
Eine Analyse des Paradigmas aus Tod und Weiblichkeit in ausgewählten Erzählungen I.S. Turgenev
ISBN 978-3-8382-0627-1

9 *Olena Sivuda*
"Aber plötzlich war mir, als drohe das Haus über mir zusammenzubrechen."
Komparative Analyse des Heimkehrermotivs in der deutschen und russischen Prosa nach dem Zweiten Weltkrieg
ISBN 978-3-8382-0779-7

10 *Victoria Oldenburger*
Keine Menschen, sondern ganz besondere Wesen …
Die Frau als Objekt unkonventioneller Faszination in Ivan A. Bunins Erzählband *Temnye allei* (1937–1949)
ISBN 978-3-8382-0777-3

11 *Andrea Meyer-Fraatz, Thomas Schmidt (Hg.)*
„Ich kann es nicht fassen,
dass dies Menschen möglich ist“
Zur Rolle des Emotionalen in der polnischen Literatur
über den Holocaust
ISBN 978-3-8382-0859-6

12 *Julia Friedmann*
Von der Gorbimanie zur Putinphobie?
Ursachen und Folgen medialer Politisierung
ISBN 978-3-8382-0936-4

***ibidem*-Verlag**

Melchiorstr. 15

D-70439 Stuttgart

info@ibidem-verlag.de

www.ibidem-verlag.de
www.ibidem.eu
www.edition-noema.de
www.autorenbetreuung.de

www.ingramcontent.com/pod-product-compliance
Ingram Content Group UK Ltd.
Pitfield, Milton Keynes, MK11 3LW, UK
UKHW040025200726
13854UKWH00001B/373

9 783838 209364